第12版

高校法学专业
核心课程配套测试

U0963966

国际经济法配套测试

试题

教学辅导中心 / 组编　编委会主任 / 张智勇

编审人员
张智勇　华　骏　朱笑芸

中国法治出版社
CHINA LEGAL PUBLISHING HOUSE

出版说明

“高校法学专业核心课程配套测试”丛书由我社教学辅导中心精心组编，专为学生课堂同步学习、准备法学考试，教师丰富课件素材、提升备课效率而设计。自2005年首次出版以来，丛书始终秉持“以题促学、以考促研”的编写理念，凭借其考点全面、题量充足、解析详尽、应试性强等特点，成为法学教辅领域的口碑品牌，深受广大师生信赖。

本丛书具有以下特色：

1. **适配核心课程，精设十六分册。**丛书参照普通高等学校法学专业必修课主要课程，设置十六个分册，涵盖基础理论、实体法、程序法及国际法等核心领域，旨在帮助学生构建系统的法学知识框架，筑牢理论根基，掌握法律思维。

2. **专业团队编审，严控内容品质。**由北京大学、中国人民大学、中国政法大学、北京航空航天大学、中国社会科学院、西南政法大学、西北政法大学、南开大学、北京理工大学等法学知名院校教师领衔编委会，全程把控试题筛选、答案审定及知识体系优化，确保内容兼具理论深度及实践价值。

3. **科学编排体系，助力知识巩固。**每章开篇设置“基础知识图解”板块，以思维导图形式梳理核心概念与法律关系，帮助学生快速构建知识框架。习题聚焦法学考试高频考点，覆盖单项选择题、多项选择题、不定项选择题、名词解释、简答题、论述题、案例分析题等常见题型，满足课堂练习、期末备考、法考训练、考研复习等需求。答案标注法条依据，详解解题思路。设置综合测试题板块，方便学生自我检测、巩固知识。

4. **紧跟法治动态，及时更新内容。**丛书依据新近立法动态进行修订，注重融入学科前沿成果，同时，贴合国家统一法律职业资格考试重点，强化实务导向题型训练，切实提升学生应试能力。

5. **贴心双册设计，提升阅读体验。**试题与解析分册编排，方便学生专注刷题，随时查阅答案，大幅提升学习效率。

6. **拓展功能模块，丰富学习资源。**附录部分收录与对应课程紧密相关的核心法律文件目录，帮助学生建立法律规范知识体系；另附参考文献及推荐书目，既明确了答案参考，亦为学生提供拓展阅读指引。

7. 附赠思维导图，扫码即可获取。购买本书，扫描封底二维码可下载课程配套思维导图，便于学生随时查阅、灵活使用，为学习提供更多便利与支持。

尽管本丛书已历经学生试用、教师审阅、编辑加工校对等多个环节，但难免存在疏漏和值得商榷之处。法学的魅力恰在于永恒的思辨。若您在研习过程中有任何问题或建议，欢迎发送邮件至 hepengjuan@ zgfzs. com，与编委会共同交流探讨。我们将持续关注法学学习需求，以更开放的姿态完善知识体系，与广大师生共同推动本丛书内容的迭代优化。

“法律的生命不在逻辑，而在经验。”——愿我们在求索路上互为灯塔。

教学辅导中心

2025 年 8 月

《国际经济法配套测试》导言

不同于民法、刑法等部门法，国际经济法领域没有一部统一的法典。国际经济法的主要法律渊源包括国内法、国际条约和国际商事惯例，涉及国际贸易法、国际投资法、国际金融法和国际税法等多个领域，这也是国际经济法学习中比较困难的地方。在此，提出以下建议，供同学们参考。

一、结合法律文本进行学习

教材和教辅是同学们学习国际经济法的基础材料。不过，在学习的同时，建议同学们结合法律文本进行学习。

本科阶段的教材以讲授国际经济法的基础知识为主，而这些知识来源于国际经济法规则。或者说，教材是对国际经济法规则的阐述和解释。不过，囿于篇幅，教材不可能对所涉的国际经济法规则作全面的介绍，而法律规则的理解是建立在对其全面了解的基础上的。例如，《国际贸易术语解释通则》是非常重要的国际贸易惯例，而教材只能归纳和提炼有关贸易术语的主要特点，无法对每个术语下卖方和买方的权利义务逐一讲解。

教材和教辅的出版与修订是有周期的，而现实中的法律规则却有可能随时发生变化，既有教材和教辅可能无法体现法律的最新动态。在处理实务问题时，法律人的一个基本法律意识应是从现行有效的法律规则出发。如果只是单纯记忆书本上的知识，或根据书本解决实践问题，则有可能出现适用法律的错误。例如，《联合国国际货物销售合同公约》（CISG）是允许缔约国进行保留的。较早的教材都会讲到我国做出了两项保留：书面形式保留和对第 1 条第 1 款 b 项的保留。但是，我国已经撤回了书面形式保留，只存在对第 1 条第 1 款 b 项的保留。再如，我国已明确 CISG 也适用于我国香港特别行政区。[①]

结合法律文本学习，也需要根据现行有效的文本。例如，我国《民法典》施行后，原《合同法》予以废止，此时就不能再根据《合同法》处理实际问题。另外，有的国际条约和国际惯例的标准文本没有中文本，需要阅读一手的外文文本。例如，《马拉喀什协定建立世界贸易组织》（也称 WTO 协定）的英文、法文

---

① 参见《联合国国际货物销售合同公约》“我国声明保留情况”一栏，载外交部网站，https：//treaty. mfa. gov. cn/Treaty/web/detail1. jsp？ objid = 1531876008552，2025 年 8 月 20 日访问。

和西班牙文各有一文本，每个文本均有同等效力，但是没有中文本。当然，在学习过程中，国内翻译的中文本仍可供参考，但要明确其法律性质。还需要指出的是，有些英文单词或术语在不同语境下会有不同含义，不排除个别中文翻译不够准确的情况。举例来讲，acceptance 在合同成立的语境下翻译为“承诺”，但在票据法语境下则翻译为“承兑”。

二、结合教辅和案例学习

法律要解决现实问题，这要求同学们在掌握知识的基础上能够学以致用。对于身处校园内的同学而言，接触实务的机会很少。为此，就需要通过教辅的习题训练和案例的阅读来加强对法律规则的理解和把握其中的关键点。例如，合同通过要约和承诺方式成立时，CISG 和我国的《民法典》都有详细的规定，几个关键的问题在于：如何区分要约和要约邀请；要约是否为不可撤销的；对要约的答复是有效的承诺还是构成反要约；等等。如果只是机械背诵法条，是无法答题或解决实际问题的。举例而言，营业地位于中国的公司 A 于 2025 年 6 月 10 日收到营业地位于美国的 B 公司发来的如下要约：“某型号设备 500 台，每台 200 美元 CIF 上海，2025 年 6 月 20 日前复到有效。”中国 A 公司 2025 年 6 月 10 日回复：“若单价为 150 美元 CIF 上海，可接受 500 台该型号设备；如有争议在中国国际经济贸易仲裁委员会仲裁。”此时，A 公司的答复属于对要约内容的实质性修改，构成了反要约，原要约也因 A 公司的答复而终止对 B 公司的约束。

在做教辅的习题时，同学们还要结合知识图解，举一反三，总结习题的考点和容易出错的地方。如果可能，同学们也可以尝试对习题的题干进行修改，看看如何解答。仍以合同成立为例。通常来讲，在对要约的答复中增加争议解决条款（如贸仲仲裁）构成对要约的实质性修改，即构成对要约的拒绝并成为反要约。但是，如果当事人之间确立的争议解决的习惯做法就是贸仲仲裁，那么当事人就受约束，在答复中添加贸仲仲裁就不能被认为是实质性更改要约。

需要指出的是，教辅的习题是出于教学需要编辑的，现实中的问题可能更为复杂。为此，同学们还应通过阅读现实的案例材料来进行学习。在这方面，我国最高人民法院颁布了若干国际经济法领域的指导性案例。通过案例学习，同学们一方面会加深对规则的理解，另一方面也会从法官的判决思路中得到启发。

三、进行比较和思考

国际经济法的教材是分章讲授的，而实际问题的处理则可能涉及多方面的内容。因此，国际经济法的学习，掌握基础只是第一步，同学们还要在学习中融会贯通，培养自己的法律意识和解决法律问题的思路与方法。

例如，在国际商事交易领域，合同当事方可以选择合同的准据法。假设营业地位于中国的A公司和营业地位于美国的B公司签订了货物买卖合同，当事方没有选择合同准据法且没有明确排除CISG适用时，CISG将直接作为准据法适用。不过，根据CISG，当事方可以选择中国《民法典》作为准据法并排除CISG的适用。那么，选择中国《民法典》还是CISG更为合适，同学们可以对二者进行比较，并尝试从A公司和B公司的视角提出建议。

仍以国际货物买卖为例，除了作为标的物的货物本身的约定（如规格、价格、包装等）之外，货物买卖合同的履行还涉及运输、保险和支付等环节。当事人如果选择了《国际贸易术语解释通则》的术语，该术语也会规定谁来安排运输，以及卖方是否有义务为了买方的利益订立保险合同（包括什么样的险别）。合同支付也可能选择信用证方式。这几个环节都会出现买卖双方之外的当事人。从买方的角度讲，如果发现货物与合同不符，理论上的索赔对象当然是卖方。但是，如果卖方交换时是与合同相符的，货物与合同不符是在运输途中由于承运人的原因造成的，那么买方就应向承运人索赔。不过，买方向承运人索赔的法律基础和依据就不是货物合同的准据法，班轮运输之下要看适用的法律是我国《海商法》，还是《海牙规则》等运输领域的国际公约。这就要求同学们要从国际货物买卖合同链条的整体环节进行思考。

法律规则，包括国际经济法的产生和发展都有其背后的商业、政治等方面的因素。涉及政府间或国家间的国际条约也是国家谈判和博弈的结果。例如，同学们可以结合国际经济学和国际政治学的知识来思考世界贸易组织（WTO）法律制度。需要指出的是，国际经济法的规则从来不是一成不变的，而且现行机制也是存在问题的。发现问题、分析问题和尝试解决问题，是同学们在学习中应具有的意识。

以上几点浅见，不当之处，敬请批评指正。

目　　录

第一章　国际经济法概述

基础知识图解

- 概念、体系、特征
- 调整范围（与国际法、国际私法、经济法的界限）
- 国际经济法的历史发展
- 国际经济法的渊源
  - 条约
  - 国际惯例
  - 国内法
  - 辅助性渊源
- 基本原则
  - 国家经济主权原则
  - 公平互利原则
  - 国际合作以谋发展原则
- 普遍性国际组织与国际经济法的发展

配套测试

单项选择题

1.《国际贸易术语解释通则》从性质上讲属于下列哪项？（　）

A. 国际商业惯例　　B. 国际公约

C. 联大的规范性决议　　D. 国内立法

2. 下列关于“国际经济法”的说法中正确的有（　　）。

A. 国际经济法调整的范围包括有关国际贸易、投资、知识产权、服务、货币与金融、税收、国际经济组织及其交往的法律与制度

B. 国际经济法是经济法的一个分支

C. 国际经济法是调整具有涉外因素的经济关系的法律和制度的总称

D. 以上说法均不正确

3. 国际经济法与国际公法的区别主要体现在（　　）。

A. 国际公法主要调整国家间的政治、军事及外交等非经济关系，而国际经济法则主要调整各国国际经济法主体之间的经济关系

B. 惯例是国际经济法的重要法律渊源，却不是国际公法的法律渊源

C. 国家主权原则是国际公法的基本原则，而国际经济法的基本原则是平等互利原则

D. 国际公法以国家为主体，而国际经济法则不以国家为主体

4. 国际合作与发展原则主要是强调（　　）。

A. 发达国家之间的合作

B. 发达国家与发展中国家之间的合作

C. 发展中国家之间的合作

D. 社会主义国家与资本主义国家之间的合作

5. “跨国法”理论的提出者是（　　）。

A. 英国学者施瓦曾伯格　　B. 美国学者杰赛普

C. 日本学者金泽良雄　　D. 法国学者卡罗

6.《洛美协定》的产生，体现了（　　）。

A. 南南合作　　B. 南北合作　　C. 东西合作　　D. 北北合作

多项选择题

1. 下列哪些属于国际商业惯例的特点？（　　）

A. 国际商业惯例是强制性的国际经济法律渊源

B. 国际商业惯例是任意性规范，只有在当事人明确选择适用的情况下才对当事人具有约束力

C. 当事人在选择适用商业惯例时，不得对该商业惯例的内容进行任何的修改

D. 当事人在选择适用商业惯例时，可以对该商业惯例进行增、改、删

2. 下列哪些是广义的国际经济法所调整的关系？（　　）

A. 营业地位于甲国的公司与营业地位于中国的公司之间的贸易关系

B. 甲国籍人 A 与乙国籍人 B 之间的婚姻关系

C. 甲国家与乙国家间的双边投资保护协定

D. 中国甲公司与中国乙公司之间的采购合同关系

3. 经济主权的主要内容包括国家对本国境内的以下各项享有完整的永久主权（　　）。

A. 一切财富　　B. 一切经济活动

C. 一切机构　　D. 一切自然资源

4. 根据《各国经济权利和义务宪章》的规定，发达国家在国际经济往来中应推行（　　）。

A. 互惠待遇　　B. 普惠待遇　　C. 无差别待遇　　D. 关税普惠制

5. 1974 年联合国大会通过的重要国际经济法律文件有（　　）。

A.《关于自然资源永久主权的决议》　　B.《建立国际经济新秩序宣言》

C.《各国经济权利和义务宪章》　　D.《建立国际经济新秩序行动纲领》

名词解释

1. 国际经济关系

2. 国家的法律确信

3. 国际经济法学

简答题

1. 简评联合国大会决议在形成和发展国际经济法方面的意义和作用。

2. 简述国际经济法的调整对象。

3. 简述国际经济法的渊源。

论述题

试论述国际经济法与国际公法及国际私法的联系与区别。

案例分析题

某中国北京公司与一设在中国上海的某外商独资企业于 2024 年 12 月在北京签订了一份货物买卖合同，由设在中国上海的该外商独资企业向北京公司出售通信设备，交货地点为北京公司设在北京的仓库。合同约定：因合同的履行发生纠纷，双方应首先通过友好协商解决，如果协商不成，则提交中国国际经济贸易仲裁委员会上海分会仲裁。适用的法律为《联合国国际货物销售合同公约》。问：当事人对上述合同作出的法律适用方面的选择是否正确？

第二章　国际经济法的主体

基础知识图解

- 概述
  - 概念
  - 自然人
  - 法人
  - 国家
    - 国家及其财产豁免问题
    - 国家行为原则
- 跨国公司
  - 概念、特征
  - 法律地位
  - 对其的国际管制：管辖冲突及其解决
- 国际经济组织
  - 概念、特征
  - 主要分类
    - 政府间组织与非政府间组织
    - 全球性组织与区域性组织
  - 主要国际经济组织
    - 国际货币基金组织
    - 世界银行集团
    - 世界贸易组织

配套测试

多项选择题

下列关于国家作为国际经济法主体的说法中正确的有（　　）。

A. 作为国际经济法主体时，国家仅以其授权以国家的名义从事民事和经济活动的组织和机构的财产为限承担民事责任

B. 国家作为国际经济法主体所进行的活动，包括其对经济的管理和监督

C. 国家只有自愿放弃豁免权，以平等的民事主体资格进行民事和经济活动时，才是国际经济法主体

D. 国际经济法的内容不仅包括经济法律规范和民事法律规范，还包括部分行政法律规范

名词解释

1. 国际经济法主体

2. 控制说

3. 特别许可制
4. 国家豁免
5. 国家行为原则
6. 效果原则
7. 区域性国际经济组织

简答题

1. 政府间国际经济组织的法律地位。
2. 简述国际经济组织的特征、种类及其发展趋势。

论述题

试论作为国际经济法主体的跨国公司的法律地位。

第三章 国际贸易法概述

基础知识图解

- 概念、调整范围和渊源
- 发展历史
  - 中世纪的商人法
  - 国际贸易法的编纂和统一
  - 新发展：世贸组织的推动等
- 国际贸易的立法及商业惯例
- 国际贸易法与国际商法、国际经济法等的关系

配套测试

名词解释

1. 国际贸易法

2. 国际贸易法的三段论

简答题

1. 国际贸易法的调整范围是什么？

2. 国际贸易法与国际商法的区别是什么？

第四章　国际货物贸易法

基础知识图解

- 国际货物买卖法律
  - 《联合国国际货物销售合同公约》
    - 宗旨
    - 内容
    - 适用
      - 主体（我国存在保留）
      - 客体
      - 任意性（可排除适用）
    - 我国的保留事项
  - 2020 年《国际贸易术语解释通则》
    - 两类
      - 适用于任何运输方式：DPU、DAP 等
      - 适用于海运和内河运输：FAS、FOB、CFR、CIF
    - 主要内容：FOB、CFR、CIF、FCA（买卖双方义务、风险转移等）
    - 对 2010 年《国际贸易术语解释通则》的修订点
    - 适用方式：约定适用
- 国际货物买卖合同
  - 当事人：营业地分处不同国家的当事人
  - 要约与承诺
    - 要约与要约邀请
    - 要约的撤回与撤销
    - 不可撤销要约与要约的变更
    - 承诺
      - 生效时间
      - 撤回
      - 效力
  - 合同的形式与内容
- 买卖双方义务
  - 卖方义务
    - 提交货物和单据
      - 交货地点
      - 交货时间
      - 交付单据
    - 权利担保义务
      - 瑕疵担保
      - 知识产权权利担保、所有权担保等
  - 买方义务
    - 支付合同价款
      - 方式
      - 时间
      - 地点
    - 收取货物
      - 做好收货准备
      - 接收货物（接收不等于接受）

- 违约的补救
  - 卖方违约的补救
    - 实际履行
    - 减少价金
    - 宣告合同无效
    - 损害赔偿
  - 买方违约的补救
    - 实际履行
    - 宣告合同无效
    - 损害赔偿
- 货物所有权与风险转移
  - 所有权转移（公约未涉及，依国际惯例或国际私法确定）
  - 风险转移
    - 负担原则
      - 公约（交货时间为界限、过失划分原则）
      - 惯例（贸易术语确定的原则）
    - 时间（在途货物买卖特殊性）

配套测试

单项选择题

1. 假设甲、乙两国均为1980年《联合国国际货物销售合同公约》的缔约国，下列哪项适用公约的规定？（ ）

A. 甲国A公司与乙国B公司关于船舶的买卖

B. 甲国A公司与乙国B公司关于股票的买卖

C. 营业地位于甲国的甲国A公司与营业地位于乙国的甲国B公司订立的洗衣机的买卖合同

D. 营业地位于甲国的甲国A公司与营业地位于甲国的乙国B公司订立的电视机的买卖合同

2. 马来西亚A公司于2024年10月25日收到来自中国B公司的电报，表明中国B公司撤回其发出的关于向马来西亚出口某种中药500箱的要约的意思。10月30日，马来西亚公司收到了中国B公司关于该500箱中药的发价，马来西亚公司认为价格条件合适，并于11月2日电告中国B公司表示其承诺的意思。后中国B公司既无音信，也没如马来西亚公司所愿履约，马来西亚公司认为中国B公司没有履行合同，应当赔偿马来西亚公司的损失。关于本案，下列选项哪个是正确的？（ ）

A. 马来西亚公司10月25日给中国B公司的电报是一个碰头的要约

B. 中国B公司应当履行合同，因为马来西亚公司已表示了承诺

C. 因为马来西亚公司的要约已被中国B公司撤销，因此合同没有成立

D. 因为中国B公司的要约已被该公司撤回，因此合同没有成立

3. 在CFR合同中，卖方承担的合同义务不包括什么内容？（ ）

A. 自行承担风险及费用，取得出口许可证或其他官方批准证件，并办理货物出口所需的一切海关手续

B. 办理货物在运输途中应由买方承担的货物灭失或损坏风险的海运保险

C. 按照通常条件自行负担费用订立运输合同

D. 除非另有约定，自行负担费用毫不迟延地向买方提供为约定目的港所用的通常的运输单证

4. 某国A公司（卖方）与中国B公司（买方）签订货物买卖合同，双方约定价格条件为CFR（大连）。货物由C公司承运，在该贸易中，对于货物的保险费用由谁来支付？（ ）

A. A公司　　　B. B公司

C. A、B双方共同承担　　　D. C公司承担

5. 某国甲公司（卖方）与中国乙公司（买方）签订国际货物买卖合同，对于该合同适用的法律，下列说法错误的是（　　）。

A. 如果双方在合同中没有约定合同适用的法律，那么该合同有关问题应当适用《联合国国际货物销售合同公约》

B. 双方可以约定排除《联合国国际货物销售合同公约》的适用

C. 当事人不可以约定仅部分适用《联合国国际货物销售合同公约》

D. 当事人可以在买卖合同中对《联合国国际货物销售合同公约》的内容进行一定的改变

6. 我国A公司向日本B公司发出传真："购一级天麻200吨，每吨250美元CIF上海，2000年5月1日至10日装船。"B公司回电称："接受你方条件，2000年6月装船。"依1980年《联合国国际货物销售合同公约》的规定，B公司的回电属于下列哪项？（　　）

A. 承诺　　B. 反要约　　C. 要约邀请　　D. 逾期承诺

7. 依1980年《联合国国际货物销售合同公约》的规定，一项逾期的承诺具有何种效力？（　　）

A. 绝对有效

B. 绝对无效

C. 除非要约人毫不迟延地通知表示接受，否则无效

D. 除非要约人毫不迟延地通知表示反对，否则有效

8. 中国甲公司以CIF价向某国乙公司出口一批服装，以信用证方式付款，有关运输合同明确约定适用《海牙规则》。甲公司在装船并取得提单后，办理了议付。两天后，甲公司接乙公司来电，称装船的海轮在海上因雷击失火，该批服装全部烧毁。对于上述情况，下列哪一选项是正确的？（　　）

A. 乙公司应向保险公司提出索赔　　B. 甲公司应向保险公司提出索赔

C. 甲公司应将全部货款退还给乙公司　　D. 乙公司应向承运人提出索赔

9. 下列哪项是1980年《联合国国际货物销售合同公约》在规定承诺生效时间上采用的原则？（　　）

A. 投邮生效主义

B. 到达生效主义

C. 了解生效主义

D. 有限制的到达生效主义，即以函件、电报、电传达成协议的情况下，以作出书面确认书的时间为合同成立的时间

10. 在国际货物买卖中，卖方将代表货物所有权的单据交到买方手中，以完成货物所有权转移的交货方式称为下列哪项？（　　）

A. 实际交货　　B. 工厂交货　　C. 目的地交货　　D. 象征性交货

11. 国际货物买卖中，一方当事人违反合同应负的损害赔偿责任应与下列哪项相等？（　　）

A. 另一方当事人因他违反合同而遭受的包括利润在内的损失额

B. 另一方当事人因他违反合同而遭受的不包括利润在内的损失额

C. 另一方当事人因他违反合同而遭受的不包括利润在内的损失额加违约金

D. 另一方当事人因他违反合同而遭受的包括利润在内的损失额加违约金

12. 中国A公司（卖方）与德国B公司（买方）订立了一份出口精密仪器的合同（该买卖合同适用1980年《联合国国际货物销售合同公约》）。合同约定：买方应在仪器制造过程中按进度付款。合同订立后，B公司即获悉A公司供应的仪器质量不稳定，于是立即通知A公司：据悉你公司供货质量不稳定，故我方暂时中止履行合同。A公司收到通知后，立即向B公司提供书面保

证：如不能履行义务，将由银行偿还买方按合同约定所作出的一切支付。A 公司同时向 B 公司出具了一份银行保函。但 B 公司收到此保证和银行保函后仍然坚持中止履行合同。下列哪一选项是正确的？（　　）

A. 双方的合同应在 B 公司向 A 公司发出通知时即无效

B. A 公司的行为妥当，不构成违约

C. A 公司的履约能力存在缺陷，但其提供了充分的保证后，B 公司应继续履行义务

D. 鉴于 A 公司的履约能力的缺陷，B 公司可以宣告解除合同

13. 国际贸易中卖方提交的单据通常不包括下列哪项？（　　）

A. 保险单　　B. 商业发票　　C. 领事签证　　D. 信用证

14. 中国甲公司（卖方）与外国乙公司（买方）签订了出口一批水果的合同，双方约定货到验收以后付款。货到买方验收时发现水果总重短少 10%，且抽样检查每个水果的重量也低于合同约定，乙公司于是拒绝付款也拒绝收货。后来水果全部腐烂，并且乙公司所属国海关还要求支付仓储费和处理水果的费用 5 万元。请问，本案中水果腐烂的损失以及仓储费和处理水果费应由谁承担？（　　）

A. 乙公司　　B. 甲公司

C. 承运人　　D. 甲公司和乙公司各承担一半

15. 根据《联合国国际货物销售合同公约》的规定，对于正在运输途中的货物进行交易，货物的风险原则上从何时由卖方转移给买方？（　　）

A. 卖方交货时　　B. 买方收货时　　C. 双方约定的时间　　D. 合同成立时

16. 依据《联合国国际货物销售合同公约》的规定，如果卖方宣告合同无效，他仍可以采取下列哪个救济措施？（　　）

A. 支付货款　　B. 收取货物　　C. 损害赔偿　　D. 中止履行合同

17. 依据《联合国国际货物销售合同公约》的规定，只能由买方采取的违约救济方法是下列哪项？（　　）

A. 实际履行　　B. 在先期违约时中止履行

C. 损害赔偿　　D. 减少价金

18. 在国际贸易中，CIF 条件与 FOB 条件的主要区别是什么？（　　）

A. 货物的价格构成不同，在 CIF 条件下，货价中包括了保险费和运输费用；而在 FOB 条件下，货价中不包括保险费与运费

B. 卖方所承担的责任不同，在 FOB 条件下，卖方必须按照买卖合同的要求，负责订立货物运输合同和货物运输保险合同，负责支付运费与保险费，并及时向买方提供适当的提单和保险单据

C. 在 CIF 条件下，卖方需办理货物出口所需的一切海关手续，而在 FOB 条件下，货物出口所需的一切海关手续由买方办理

D. 风险转移的时间不同，在 CIF 条件下，卖方负担货物丢失或损坏的一切风险，直至货物在目的港交给买方时为止。而在 FOB 条件下，卖方负担货物丢失或损坏的一切风险，直到货物在装运港被置于船上时为止

19. 我国甲公司与日本乙株式会社在万国博览会上签订了一份由日方向中方提供 BX2 船用设备的买卖合同。其中价格条款为 USD832000/DAT。运输途中不可抗力导致船舶起火，虽经及时抢救，仍有部分设备被烧坏。之后双方就设备损失赔偿发生争议并申请仲裁。应由谁来承担烧坏设备的风险？（　　）

A. 乙株式会社

B. 甲公司

C. 船公司

D. 乙株式会社和甲公司依据公平原则各承担一半货物损失

20. 某国的甲公司是生产汽车用润滑油的大型公司，德国的乙公司专营汽车维修养护用品的进出口业务，2024 年 5 月两公司签订了买卖合同，采用了 CIF 贸易术语，甲公司按照合同的约定于 2024 年 7 月完成装运并发货，9 月到达了目的港。乙公司在与甲公司签订了买卖合同后就在国内寻找买主，于 2024 年 8 月与国内批发商丙公司签订了转卖合同，问：该批货物的风险从何时转移给丙公司？（　　）

A. 置于船上时转移　　B. 收到货后转移

C. 甲、乙公司买卖合同成立时转移　　D. 乙、丙公司买卖合同成立时转移

21. 我国甲公司向瑞典乙公司发出传真：“购高级新闻纸 2000 吨，每吨 38 美元，以信用证支付，CIF 上海，2024 年 5 月 1 日至 5 日装船。”乙公司回电称：“同意你方条件，但是由于目前原材料价格上涨，现在价格为每吨 40 美元。”根据国际惯例和国内法，乙公司的回电属于（　　）。

A. 承诺　　B. 反要约　　C. 交叉要约　　D. 逾期承诺

22. 我国 X 公司收到新加坡 Y 公司如下来电：“确认售与你方大米 1000 吨。每吨 CIF 天津 300 美元，2024 年 10 月交货……” X 公司复电如下：“确认你方来电和我方购买你方大米 1000 吨，条件按你方电报规定，请提供适合海运的包装……”后来该商品国际市场价格上涨，Y 公司拒绝向 X 公司交货，而将货物另行出售，双方遂发生争议。如果 Y 公司收到 X 公司传真后未提出异议，则该买卖合同的成立时间为（　　）。

A. X 公司收到 Y 公司传真时

B. Y 公司收到 X 公司传真后的合理时间内

C. X 公司的传真到达 Y 公司时

D. X 公司向 Y 公司发出传真时

23. 根据 2010 年《国际贸易术语解释通则》的规定，关于 FOB 贸易术语，下列哪一选项是正确的？（　　）

A. 卖方应当在目的港交货　　B. 卖方应当自费取得货物保险

C. 卖方无义务自费订立运输合同　　D. 该贸易术语适用于各种运输方式

24. 根据《联合国国际货物销售合同公约》的规定，下列哪个事项可以适用公约？（　　）

A. 合同的效力问题

B. 所售货物的所有权问题

C. 该货物造成的人身伤害或死亡的责任问题

D. 合同双方的权利义务问题

25. 我国某大型国有企业向某国一家生产商订购了一套大型采矿设备，合同约定该设备分四批到货。前三批设备均按期按质到货，但在收到第四批设备时，发现有严重的质量问题，这种情况下，我方依《联合国国际货物销售合同公约》的规定，应该如何处理？（　　）

A. 我方仅有权宣告该批货物的交付行为无效，但无权解除整个合同

B. 我方仅有权要求生产商就该批设备承担违约责任

C. 我方有权将该批设备退还给生产商，要求其交付符合合同约定的设备

D. 我方不仅有权宣告该批设备的交付行为无效，也有权解除整个合同

26. 区别国际货物买卖合同和国内货物买卖合同的标准是（　　）。

A. 双方当事人的住所地　　B. 双方当事人的营业地

C. 双方当事人的国籍和营业地　　D. 双方当事人的国籍

27. 调整国际货物买卖最重要的国际立法是（　　）。

A.《关于国际货物买卖统一法公约》

B.《关于国际货物买卖合同成立统一法公约》

C.《联合国国际货物销售合同公约》

D.《统一商法典》

28. 甲国A公司与乙国B公司订立买卖合同，约定合同适用丙国的法律。甲、乙、丙三国都不是《联合国国际货物销售合同公约》的成员。后双方在合同履行过程中发生争议并诉诸法院，法院根据丙国冲突规范的指引，确定准据法为丁国法律，丁国是上述公约的成员国。下列说法中正确的有（　　）。

A.《联合国国际货物销售合同公约》不一定适用于A公司与B公司之间的买卖合同

B. 受案法院应当适用丙国的实体法而不应再由丙国的冲突规范指引确定丁国法律作为准据法

C.《联合国国际货物销售合同公约》不适用于A公司与B公司之间的买卖合同

D.《联合国国际货物销售合同公约》适用于A公司与B公司之间的买卖合同

29. 国际贸易术语的作用主要是（　　）。

A. 为了明确合同的效力

B. 为了确定货物的质量

C. 为了明确买卖双方各自的风险、责任和费用

D. 为了明确合同是否已经订立

30. 在CIF条件下，货物风险转移的时间是（　　）。

A. 货物在装运港码头被置于船上时　　B. 卖方交货时

C. 买方接收货物时　　D. 投保时

31. 2024年8月11日，中国甲公司接到法国乙公司出售某种设备的发价，有效期至9月1日。甲公司于8月12日电复：“如能将每件设备价格降低50美元，即可接受。”对此，乙公司没有答复。甲公司于8月29日再次致电乙公司表示接受其8月11日发价中包括价格在内的全部条件。根据1980年《联合国国际货物销售合同公约》，下列哪一选项是正确的？（　　）

A. 乙公司的沉默表明其已接受甲公司的降价要求

B. 甲公司8月29日的去电为承诺，因此合同已成立

C. 甲公司8月29日的去电是迟到的承诺，因此合同没有成立

D. 甲公司8月29日的去电是新要约，此时合同还没有成立

32. 中国A公司从日本B公司进口一批汽车，合同价格条款为DAT。运输途中不可抗力导致船舶起火，虽经及时抢救，仍有部分汽车被烧坏。烧坏汽车的风险应由（　　）来承担。

A. 中国A公司　　B. 日本B公司　　C. 船公司　　D. 保险公司

33. 国际货物买卖合同中的“溢短装条款”是指（　　）。

A. 卖方交货不得少于约定的数量

B. 卖方交货不得多于约定的数量

C. 卖方交货既不能多于也不能少于约定的数量

D. 卖方交货在一定的幅度内可以多于或少于约定的数量

34. 当买卖双方未在合同中约定交货地点时，依据《联合国国际货物销售合同公约》的规定，卖方应在（　　）交货。

A. 合同缔结地　　B. 卸货港　　C. 卖方营业地　　D. 买方营业地

35. 中国A公司向巴西B公司发出传真稿：“急购巴西一级白砂糖200吨，每吨250美元CIF广州，4月20日至25日装船。”巴西B公司回电称：“完全接受你方条件，5月1日装船。”依照国际贸

易法律与惯例，巴西B公司的回电属于（　　）。

A. 反要约　　B. 要约邀请　　C. 无效承诺　　D. 有效承诺

36. 根据2010年《国际贸易术语解释通则》的规定，关于CFR贸易术语，下列哪一选项是正确的？（　　）

A. 卖方应当在目的港交货

B. 买方应负责办理出口清关手续

C. 卖方应当自费取得货物保险

D. 该贸易术语只适用于海运与内河运输

37. 2024年7月1日，中国L公司向外国M公司发出一份要约称：出售某型号的电瓶叉车300辆，单价9500美元/FOB大连，9月15日装船，买方于8月15日前开出信用证。该要约发出后的第四天，全球电瓶叉车市场价格上涨，L公司欲撤销该要约。依据1980年《联合国国际货物销售合同公约》的规定，下列哪一选项是正确的？（　　）

A. 如要约要求在7月15日前答复，则L公司不必考虑撤销要约的问题

B. 如要约要求在7月15日前答复但M公司未答复，L公司应在7月16日通知M公司撤销该要约

C. 如M公司回函要求改用D/P方式付款，则L公司可立即发函撤销该要约

D. 只要在M公司答复之前将撤销要约的通知发至M公司即可撤销该项要约

38. A公司收到B公司交货的通知，在决定是否接受该货物前，A公司需要验货。根据《联合国国际货物销售合同公约》的规定，下列哪一选项是正确的？（　　）

A. 无论该货物是否转运，A公司都应在约定的目的港检验货物

B. A公司应在按情况实际可行的最短时间内安排他人检验货物

C. 在收到货物后的2年内，A公司随时有权检验该货物

D. B公司在订立合同时知道货物将要转运的，货物的检验有可能推迟到该货物到达新目的地后进行检验

39. 甲公司与乙公司订立一份国际货物买卖合同，分三批履行，其中第二批出现了质量问题。请问依据1980年《联合国国际货物销售合同公约》的规定，下列哪一选项是正确的？（　　）

A. 只要第二批货物的质量问题构成根本违约，买方即可宣告合同对该批货物无效

B. 只要第二批货物的质量问题构成根本违约，买方即可宣告合同对已交付或今后交付的各批货物无效

C. 如第二批货物的质量问题构成一般违约，买方可宣告合同对该批货物无效

D. 如第二批货物的质量问题构成根本违约，买方仅可宣告合同对该批货物和今后交付的货物无效

40. 甲公司（卖方）与乙公司（买方）于2023年10月签订了两份同一种农产品的国际贸易合同，约定交货期分别为2024年1月底和3月中旬，采用付款交单方式。甲公司依约将第一份合同项下的货物发运后，乙公司以资金周转困难为由，要求变更付款方式为货到后30天付款。甲公司无奈同意该变更。乙公司未依约付款，并以资金紧张为由再次要求延期付款。甲公司未再发运第二个合同项下的货物并提起仲裁。根据《联合国国际货物销售合同公约》的规定，下列哪一选项是正确的？（　　）

A. 乙公司应以付款交单的方式支付货款

B. 甲公司不发运第二份合同项下货物的行为构成违约

C. 甲公司可以停止发运第二份合同项下的货物，但应及时通知乙公司

D. 如乙公司提供了付款的充分保证，甲公司仍可拒绝发货

41. 根据《联合国国际货物销售合同公约》的规定，在被发价人对发价人所作出的以下各项修改中，属于“非实质性变更”的修改是（　　）。

A. 货物数量

B. 发票份数

C. 交货时间　　D 争议解决办法

42. FOB 贸易术语下，卖方的风险和责任止于（　　）。

A. 在装运港将货物交到买方指定的船只上

B. 在装运港将货物交给港口当局

C. 在目的港将货物卸下船

D. 在目的港将货物交到买方指定的人手上

43. 根据《联合国国际货物销售合同公约》的规定，如果合同约定交货期为一段时间，在买卖双方没有约定的情况下，具体的交货日期应（　　）。

A. 由卖方选定　　B. 由买方选定

C. 为该段交货期的起始日　　D. 为该段交货期的届满日

44. 中国甲公司与法国乙公司商谈进口特种钢材，乙公司提供了买卖该种钢材的格式合同，两国均为 1980 年《联合国国际货物销售合同公约》缔约国。根据相关规则，下列哪一选项是正确的？（　　）

A. 因两国均为公约缔约国，双方不能在合同中再选择适用其他法律

B. 格式合同为该领域的习惯法，对双方具有约束力

C. 双方可对格式合同的内容进行修改和补充

D. 如双方在合同中选择了贸易术语，则不再适用公约

45. 中国甲公司向加拿大乙公司出口一批农产品，CFR 价格条件。货装船后，乙公司因始终未收到甲公司的通知，未办理保险。部分货物在途中因海上风暴毁损。根据相关规则，下列哪一选项是正确的？（　　）

A. 甲公司在装船后未给乙公司以充分的通知，造成乙公司漏保，因此损失应由甲公司承担

B. 该批农产品的风险在装运港船舷转移给乙公司

C. 乙公司有办理保险的义务，因此损失应由乙公司承担

D. 海上风暴属不可抗力，乙公司只能自行承担损失

46. 中国甲公司与法国乙公司签订了向中国出口服装的合同，价格条件 CIF。货到目的港时，甲公司发现有两箱货物因包装不当途中受损，因此拒收，该货物在目的港码头又被雨淋受损。依据 1980 年《联合国国际货物销售合同公约》及相关规则，下列哪一选项是正确的？（　　）

A. 因本合同已选择了 CIF 贸易术语，则不再适用公约

B. 在 CIF 条件下应由法国乙公司办理投保，故乙公司也应承担运输途中的风险

C. 因甲公司拒收货物，乙公司应承担货物在目的港码头雨淋造成的损失

D. 乙公司应承担因包装不当造成的货物损失

47. 中国甲公司与德国乙公司签订了进口设备合同，分三批运输。两批顺利履约后乙公司得知甲公司履约能力出现严重问题，便中止了第三批的发运。依据《联合国国际货物销售合同公约》的规定，下列哪一选项是正确的？（　　）

A. 如已履约的进口设备在使用中引起人身伤亡，则应依据公约的规定进行处理

B. 乙公司中止发运第三批设备必须通知甲公司

C. 乙公司在任何情况下均不应中止发运第三批设备

D. 如甲公司向乙公司提供了充分的履约担保，乙公司可依情况决定是否继续发运第三批设备

48. 中国甲公司与意大利乙公司签订 DAT（南京）合同进口一批服装，根据 2010 年《国际贸易术语解释通则》的规定。下列哪一选项属于双方在合同中约定的内容？（　　）

A. 卖方只需将货物运到南京交由买方处置，无须承担将货物从交通工具上卸下的义务

B. 卖方需要将货物运到南京，将货物从运输工具上卸下并交由买方处置

C. 卖方需要将货物运到南京，完成进口清关手续后将货物交给买方

D. 卖方需要承担货物在南京货交第一承运人之前的所有风险和费用

49. 中国甲公司与A国乙公司签订CIF合同出口一批瓷器，货物运到A国时遭遇A国内乱，部分货物毁损，中国和A国都是1980年《联合国国际货物销售合同公约》的成员国，下列哪一项判断是正确的？（　　）

A. 乙公司无须支付毁损部分货物货款

B. 乙公司有理由相信在A国这种环境下，甲公司投保了一切险和战争险

C. 在没有特殊约定情况下，甲公司应投保平安险

D. 在乙公司没有机会验货的情况下，可以不付款

50. 法国甲公司与中国乙公司签订FOB合同出口红葡萄酒，因法国甲公司的酒庄到装运港有一段陆地需要陆路运输，现买卖双方发生纠纷诉至中国法院，根据2010年《国际贸易术语解释通则》和《联合国国际货物销售合同公约》，下列哪一判断是正确的？（　　）

A. 中国乙公司应承担包括陆路运输在内的所有运输工作

B. 法国甲公司将货物交给陆路运输的第一承运人即完成了交货

C. 法国甲公司在装运港将货物装上指定船舶即完成了交货

D. 法国甲公司应负责安排从酒庄到目的港的运输

51. 中国某公司从甲国乙公司进口一批电子设备，合同中约定了设备规格，并选用了DPU术语。乙公司制作好样品后，将样品邮寄至中国某公司，请求确认并按照样品履行。中国某公司收到样品后确认并回复“请依合同履行”。设备到货后与样品相符，但与合同不符，中国某公司要求甲国乙公司承担违约责任。中国和甲国都是1980年《联合国国际货物销售合同公约》的缔约国，下列哪一选项是正确的？（　　）

A. 甲国乙公司应承担违约责任，因其交付的设备不符合同约定规格

B. 甲国乙公司不应承担违约责任，因其交付的设备与其提供的样品相符

C. 本案货物风险自货交第一承运人时转移

D. 甲国乙公司须在指定装运地的任何地点交货

52. 位于中国的甲公司向位于德国的乙公司出口数批货物，德国和中国均是《联合国国际货物销售合同公约》的缔约国。乙公司收到第一批货物后将该货物转卖到某国，某国丙公司根据某国法认为该批货物侵犯其知识产权。交付完第二批货物后，甲公司发现乙公司陷入了重大财务危机，遂中止了第三批货物的交付并通知了乙公司。乙公司知悉后向甲公司提供了充分的履约担保。根据该公约，下列选项正确的是（　　）。

A. 甲公司不需对该知识产权侵权行为承担责任

B. 甲公司不能中止第三批货物的交付

C. 即使乙公司提供了充分的担保，甲公司仍旧可以拒绝继续履约

D. 如果该批货物造成了人身伤害，则赔偿问题应该依据公约的规定予以解决

53. 甲国A公司从乙国B公司进口一批设备，双方约定以DPU贸易术语交货。承运人为乙国C公司。设备运抵目的地后，A公司和B公司曾因卸货费用的承担发生过争议。对此，下列说法正确的是（　　）。

A. 尽管DPU属于到货合同，B公司不负责办理货物进入甲国的进口手续

B. DPU术语的具体内容可根据2010年《国际贸易术语解释通则》确定

C. 尽管DPU属于到货合同，B公司无须承担目的地的卸货费用

D. A公司应负责办理货物的运输保险

54. 中国甲公司（卖方）与法国乙公司（买方）在签订的国际货物买卖合同中使用了“CIP敦

刻尔克"贸易术语。合同的下列约定符合 2020 年《国际贸易术语解释通则》的要求的是（　　）。

A. 货物应运至敦刻尔克港

B. 甲、乙公司的风险承担以货物在装运港越过船舷为界

C. 由乙公司负责办理进口手续

D. 甲公司订立多式联运运输合同，乙公司负责办理保险

55. 中国甲公司向甲国乙公司出售电子仪器（出口管制物项），分两批发货，采用 CIP 术语（2020 年《国际贸易术语解释通则》）。第一批交货后，甲公司发现乙公司在其他交易中出现资金链断裂的情况，遂在通知对方后中止了第二批货物的交付。中国和甲国均为《联合国国际货物销售合同公约》的缔约国。对此，下列哪一选项是正确的？（　　）

A. 如乙公司提供充分保证，则甲公司应继续履行第二批货物的交付义务

B. 因双方约定承运人装货后向甲公司签发已装船提单，故甲公司应在装运港完成交货

C. 甲公司已为电子仪器申请了出口许可，乙公司的转卖不受约束

D. 甲公司在 CIP 术语下应投保平安险

56. 营业地在中国的甲公司和营业地在法国的乙公司签订了中文文本的商事合同，合同约定若发生履约纠纷由中国法院管辖，但未选择合同适用的法律。已知中国和法国都是 1980 年《联合国国际货物销售合同公约》缔约国，下列哪项判断是正确的？（　　）

A. 合同选择中国法院管辖，且合同为中文文本，故合同纠纷应适用中国法

B. 若双方在一审法庭辩论终结前选择法国法，则应当适用法国国内法，即使法国是《联合国国际货物销售合同公约》的缔约国

C. 若双方在一审法庭辩论终结前仍未选择合同适用的法律，则应根据最密切联系原则确定合同准据法

D. 若双方就合同效力产生纠纷，应依据《联合国国际货物销售合同公约》的规定进行处理

57. 中国丙公司和甲国乙公司签订 CIP 合同出口一批精密设备，信用证方式付款。货物到达目的地后，乙公司检验发现部分精密设备因卸货不当发生钩损。根据 2020 年《国际贸易术语解释通则》、1980 年《联合国国际货物销售合同公约》和国际经济法的其他规则和实践，下列哪一选项是正确的？（　　）

A. 甲国乙公司可因钩损拒绝接收货物

B. 对卸货时的钩损，甲国乙公司有权向中国丙公司索赔

C. 对卸货时的钩损，甲国乙公司有权向保险公司索赔

D. 甲国乙公司可因卸货时的钩损，要求银行减价支付货款

多项选择题

1. 关于货物灭失或损坏的风险由卖方转移到买方后，发现的货物不符合合同情形，在下列哪些情况下，卖方应当承担责任？（　　）

A. 货物不符合合同情形在风险转移时已经存在

B. 货物不符合合同是因货物的包装不当所致

C. 货物不符合合同是因承运人的过失造成的

D. 货物不符合合同是因卖方违反了货物在一段时间内保持特定质量的保证

2. 关于 F 组贸易术语，下列选项哪些是正确的？（　　）

A. FAS 贸易术语与 FOB 术语在交货上的区别是 FAS 在船上交货，而 FOB 在船边交货

B. 在 FOB 术语下，货物的风险在装运港船上转移

C. FOB 和 CIF 贸易术语主要适用于海运或内河运输，而 FCA 则适用于各种运输方式

D. 在凡 F 术语下，货物的风险在船上转移

3. 营业地分别位于缔约国甲乙两国的公司之间进行的贸易中，下列哪些货物的买卖不适用《联合国国际货物销售合同公约》？（　　）

A. 50 辆法拉利轿车　　B. 3 架波音 747 飞机

C. 两艘油轮　　D. 食品

4. 中国在加入《联合国国际货物销售合同公约》时所提出的保留包括下列哪几项？（　　）

A. 公约关于合同形式的规定

B. 公约适用任意性的规定

C. 公约关于通过国际私法规则的援引而导致公约适用于非缔约国的规定

D. 公约关于卖方权利担保的规定

5.《联合国国际货物销售合同公约》规定，下列哪几项构成要约的失效？（　　）

A. 撤回　　B. 撤销　　C. 拒绝　　D. 反要约

6. 甲国 A 公司于 10 月 2 日向乙国 B 公司以平信的方式发出一拟出售羊毛的要约，该要约载明有效期为 10 日，要约于 10 月 5 日到达 B 公司。B 公司于 10 月 7 日将载明承诺的信件以快件方式发出，正常情况两日应当送达，但该快件于 10 月 13 日才送达 A 公司。此时，因 A 公司已将该批羊毛出售，故未做任何答复。根据《联合国国际货物销售合同公约》，关于本案下列说法正确的有哪些？（　　）

A. B 公司所发出的快件属于绝对无效的承诺

B. 双方之间合同成立

C. 如果 A 公司在 10 月 13 日收到 B 公司回复快件时立即拒绝，B 公司的承诺无效

D. A 公司要约有效期自 10 月 7 日起算

7. 请比较以下两个案例：（1）买方从国外进口一批供圣诞节出售的火鸡，卖方交货的时间比合同约定的期限晚了一个星期，由于圣诞节已过，火鸡难以销售，使买方遭受了重大损失。（2）买方从国外进口一批肉鸡，合同约定卖方应于 7 月至 8 月装运，但实际上卖方的装运日期，比合同约定的时间迟了一个星期，但这段时间里肉鸡的市场价格并没有发生变化，供销情况亦正常。下列表述正确的是（　　）。

A. 在案例（1）中，买方有权撤销合同

B. 在案例（2）中，买方无权撤销合同

C. 在案例（1）（2）中，买方均有权撤销合同

D. 在案例（1）（2）中，买方均无权撤销合同

8. 关于要约和承诺，下列说法中正确的有哪些？（　　）

A. 要约可以撤回，但不能撤销　　B. 要约既可以撤回，也可以撤销

C. 承诺既可以撤回，也可以撤销　　D. 承诺可以撤回，但不能撤销

9. 广东某公司从日本购进钢材 5000 吨，价格条件为 CIF 广州。由于短途运输和船速较快，该批货物先于提单到达了目的港。该公司凭副本提单加自己签署的保函提取了货物，之后该公司并未去银行付款赎单。银行于是向承运人提出了索赔要求。下列关于本案的主张有哪些是正确的？（　　）

A. 承运人可以凭副本提单加保函向广东某公司交货

B. 承运人应当赔偿银行的损失

C. 承运人应凭正本提单向收货人交货

D. 承运人与银行没有关系，不应承担任何责任

10. 关于《联合国国际货物销售合同公约》的违约救济，下列说法中哪些是正确的？（　　）

A. 根据 1980 年公约规定，只有当卖方交货不符合构成根本违约时，买方才能要求宣告合同无效

B. 减少价金应当为合同价格与实际交付的货物在交货时的差价

C. 一方违约，另一方只能就其违约给自己造成的实际损失请求赔偿

D. 当一方先期违约时，另一方可以根据他先期违约的具体情况解除合同或中止履行

11. 中国甲公司向某国乙公司发出传真稿："急购一级田纳西大米20吨，每吨500美元CIF深圳，2024年12月9日至21日装船。"某国乙公司回电称："完全接受你方条件，2024年12月4日装船。"双方的合同是否成立？（　　）

A. 合同成立　　B. 合同未成立

C. 某国乙公司违约　　D. 某国乙公司未作出有效的承诺

12. 甲公司（卖方）与乙公司（买方）订立了国际货物买卖合同。由于甲公司在履约中出现违反合同的情形，乙公司决定宣告合同无效，解除合同。依据《联合国国际货物销售合同公约》的规定，下列哪些选项是正确的？（　　）

A. 宣告合同无效意味着解除了甲乙二公司在合同中的义务

B. 宣告合同无效意味着解除了甲公司损害赔偿的责任

C. 双方在合同中约定的争议解决条款也因宣告合同无效而归于无效

D. 如甲公司应归还价款，它应同时支付相应的利息

13. 关于C组贸易术语，下列选项哪些是不正确的？（　　）

A. CFR术语是在卸货港船上风险转移

B. CIF术语是运费和保险费付至指定目的地

C. CIF术语下，货物的风险是在装运港船上转移

D. CIP术语是运费和保险费付至指定目的港

14. 下列哪些问题在1980年《联合国国际货物销售合同公约》中并不涉及？（　　）

A. 营业地位于不同缔约国的当事人之间的缔约能力问题

B. 跨国买卖的货物的所有权转移问题

C. 国际货物买卖中的违约救济问题

D. 因销售的货物造成的人员伤害的问题

15. 依据《联合国国际货物销售合同公约》的规定，下列哪些行为为有效的承诺？（　　）

A. 电话通知要约人，表示接受要约

B. 按要约的规定开立信用证

C. 对要约保持沉默

D. 回电表示"接受你方发价，但包装以我方的最后确认为准"

16. 下列关于1980年《联合国国际货物销售合同公约》的选项，哪些是正确的？（　　）

A. 中国在加入该公约时对公约第11条有关合同形式的规定进行了保留

B. 当事人可以在买卖合同中约定对公约的内容进行改变

C. 公约调整跨境的货物买卖合同

D. 公约调整跨境的所有货物买卖合同

17. 依据1980年《联合国国际货物买卖销售合同公约》的规定，关于买方的义务，下列哪些选项是正确的？（　　）

A. 如合同双方约定以信用证的方式付款，则买方应首先申请开立信用证

B. 如买方认为卖方交付的货物质量与买卖合同不符，则在目的港可以不提取货物

C. 买方认为卖方交付的货物与买卖合同不符也应先提取货物

D. 如合同双方约定以信用证的方式支付，则买方应在收到货物后才开始履行其付款义务

18. 中国甲公司向国外采购某商品，不久接到某外商乙公司4月21日的发价，有效期至4月

27日。甲公司于4月23日电复："如能把单价降低50美元，可以接受。"对方没有反应。后因用货部门要货心切，又鉴于该商品行市看涨，甲公司随即于4月28日又去电表示同意对方4月21日发价所提的各项条件。请问下列选项中哪些是正确的？（　　）

A. 乙公司4月21日的发价已经失效　　B. 合同未成立

C. 甲公司4月28日的去电是承诺　　D. 合同成立

19. 中国甲出口公司以CIF价格向某国乙公司出口一批设备，向中国人民保险公司投保了一切险，并规定以信用证方式支付。甲公司在规定的期限内在指定的中国某港口装船，船公司签发了提单，甲公司取得单据后办理了议付。第二天，甲公司接到乙公司来电，称装货的海轮在海上失火，设备全部烧毁，要求甲公司出面向中国人民保险公司提出索赔，否则要求甲公司退还全部货款。下列选项中正确的有（　　）。

A. 该案货物的风险是在装运港船上转移　　B. 乙公司应向船公司提出索赔

C. 乙公司应向甲公司提出索赔　　D. 乙公司应向保险公司提出索赔

20. 国际货物买卖合同的主要条款有（　　）。

A. 品质规格条款　　B. 数量条款　　C. 价格条款　　D. 商标条款

21. 品质规格条款是买卖合同的主要条款，在国际货物买卖中，表示货物品质的方法主要有哪些？（　　）

A. 凭规格、等级或标准确定货物的品质　　B. 凭样品确定货物品质

C. 凭商标或牌号确定货物品质　　D. 凭说明书确定货物的品质

22. 商品检验的作用主要有（　　）。

A. 缩短交易过程，节省交易时间　　B. 卖方议付货款的依据

C. 买方要求索赔的凭据　　D. 仲裁、诉讼的证据

23. 下列关于国际货物买卖合同成立的说法中错误的有（　　）。

A. 受要约人超过要约有效期作出的承诺一律无效

B. 受要约人必须将其不接受要约的意思表示明确通知要约人，否则视为承诺

C. 受要约人一经作出承诺，当事人之间的合同即告成立

D. 如果受要约人依据当事人之间的交易习惯在要约有效期内发出货物或者支付了价金，则为有效的承诺

24. 根据1980年《联合国国际货物销售合同公约》，不允许撤销要约的情形有（　　）。

A. 要约中明确写明是不可撤销的要约

B. 受要约人有理由相信要约是不可撤销的，并且已经按照要约的条件行事

C. 受要约人明确通知要约人已经收到要约，并声明要对要约进行充分的考虑

D. 要约明确规定了要约的有效期限

25. 有效的承诺必须具备的条件有（　　）。

A. 承诺须由受要约人作出

B. 承诺须在要约规定的有效期间内作出

C. 承诺须与要约的内容一致

D. 承诺须采用比要约更为快捷的方式送达要约人

26. 根据1980年《联合国国际货物销售合同公约》，要约的承诺于表示同意的通知送达要约人时生效。这里的"送达"是指送交要约人的（　　）。

A. 通讯地址　　B. 惯常居所　　C. 营业地　　D. 任意地点

27. 中国甲公司对某国乙公司发价限10日复电有效。9日乙公司电报通知甲公司接受该发价，由于邮电局传递延误，甲公司于11日上午才收到对方的接受通知。而甲公司在收到接受通知前已

获悉市场价格已涨，于是甲公司立即复电乙公司通知对方原发价已失效。而乙公司则认为合同已成立，甲公司应当履约。下列选项中正确的有（　　）。

A. 甲公司应当履约　B. 合同未成立　C. 发价已失效　D. 合同已成立

28. 依据《联合国国际货物销售合同公约》规定，一项要约必须同时满足下列（　　）条件，才算十分确定。

A. 明确货物的名称　B. 明示或暗示地规定商品的价格

C. 明确交货时间、地点　D. 明示或暗示地规定商品的数量

29. 国际货物买卖合同中，买方的主要义务有（　　）。

A. 权利担保　B. 支付货款

C. 开立信用证　D. 接收货物

30. 2024 年 1 月，中国 A 公司出口一批设备给德国 B 公司，B 公司进口该批设备拟转售甲国。2024 年 5 月，甲国政府下达禁令，禁止该种中国设备进口。B 公司不得已将该批设备转售乙国。2025 年 1 月，乙国 C 控告 B 公司该批设备侵犯其专利权，B 公司遂要求中国 A 公司对此承担责任。下列选项中正确的有（　　）。

A. 中国 A 公司不应承担侵权责任

B. 德国 B 公司遭到追诉，是因为中国设备在甲国被禁所致，中国 A 公司应对此承担责任

C. 中国 A 公司应承担侵权责任

D. 中国 A 公司对所售货物的权利担保仅限于德国和甲国领域内

31.《联合国国际货物销售合同公约》对货物风险转移有何规定？（　　）

A. 在途货物的销售，风险自买卖合同成立时转移

B. 风险转移以卖方无违约责任为前提

C. 风险与货物所有权一起转移

D. 风险转移以交货时间为基本原则

32. 甲公司（买方）与乙公司（卖方）订立了一份国际货物买卖合同。后因遇到无法预见与不能克服的障碍，乙公司未能按照合同履行交货义务，但未在合理时间内将此情况通知甲公司。甲公司直到交货期过后才得知此事。乙公司的行为使甲公司遭受了损失。依据《联合国国际货物销售合同公约》的规定，下列哪些表述是正确的？（　　）

A. 乙公司可以解除合同，但应把障碍及其影响及时通知甲公司

B. 乙公司解除合同后，不再对甲公司的损失承担赔偿责任

C. 乙公司不交货，无论何种原因均属违约

D. 甲公司有权就乙公司未通知有关情况而遭受的损失请求赔偿

33. 营业地在中国的甲公司向营业地在法国的乙公司出口一批货物。乙公司本拟向西班牙转卖该批货物，却转售到意大利，且未通知甲公司。意大利丙公司指控该批货物侵犯其专利权。关于甲公司的权利担保责任，根据《联合国国际货物销售合同公约》规定，下列哪些选项是正确的？（　　）

A. 甲公司应承担依据意大利法提出的知识产权主张产生的赔偿责任

B. 甲公司应承担依据法国法提出的知识产权主张产生的赔偿责任

C. 甲公司应担保在全球范围内该批货物不侵犯他人的知识产权

D. 甲公司的知识产权担保义务不适用于该批货物依乙公司提供的技术图样生产的情形

34. 甲公司与乙公司依 CIF 安特卫普价格订立了出口一批布料的合同。货物运输途中，乙公司将货物转卖给丙公司。关于这批布料两次交易的风险转移时间，依据 2010 年《国际贸易术语解释通则》及《联合国国际货物销售合同公约》的规定，下列哪些选项是正确的？（　　）

A. 在甲公司与乙公司之间，货物风险在货物交第一承运人时转移
B. 在甲公司与乙公司之间，货物风险在货物装上装运港船上时转移
C. 在乙公司与丙公司之间，货物风险原则上在双方订立合同时转移
D. 在乙公司与丙公司之间，货物风险原则上在丙公司收到货物时转移

35. 营业地位于中国的卖方甲公司与营业地位于德国的买方乙公司签订了一份货物买卖合同，合同对交货地点和交货时间以及争议所适用的法律没有约定。就此，下列说法中正确的有（　　）。

A. 若货物涉及运输，则甲公司将货物交给第一承运人的地点为交货地点
B. 如果货物不涉及运输，且货物已经特定化但双方在订合同时并不明确货物所在的具体地点，则甲公司应在双方订立合同时自己的营业地交货
C. 若乙公司要求在德国本土交货，则双方在合同中可能采用《国际贸易术语解释通则》中的EXW贸易术语
D. 若合同对货物的包装方式没有特殊约定，则甲公司应按同类货物通用的方式装箱或包装；若没有此类通用方式，则甲公司应按足以保全和保护货物的方式装箱或包装

36. 买卖双方采用CIF术语签订了国际货物买卖合同，合同约定装运港为旧金山，目的港为上海。下列哪些表述是正确的？（　　）

A. 卖方必须负责把货物运至上海
B. 因装运工人罢工、封港，卖方可以不可抗力为由免除迟延交货的责任
C. 对货物从装运港到目的港的灭损风险，由卖方购买保险，买方承担风险
D. 出口清关手续由卖方负责

37. 国际贸易包括（　　）。

A. 国际投资　　B. 国际货物买卖　　C. 国际技术转让　　D. 国际无形贸易

38. 国际货物买卖的法律渊源主要有（　　）。

A. 国际贸易惯例
B. 各国有关国际货物买卖的判例
C. 各国有关国际货物买卖的国内立法及其冲突规范
D. 国际货物买卖公约

39. 在国际货物买卖中，发价的建议必须十分确定，即必须（　　）。

A. 指明货物的名称　　B. 规定货物的价格
C. 规定货物的数量　　D. 确定交货地点和时间

40. 发价的效力，因一定事由的发生而消失，这些事由是（　　）。

A. 发价人的撤回　　B. 发价人的撤销
C. 被发价人的拒绝　　D. 发价的有效期已过

41.《联合国国际货物销售合同公约》的基本原则是（　　）。

A. 建立新的国际经济秩序的原则　　B. 平等互利原则
C. 照顾不同的社会、经济制度的原则　　D. 促进国际贸易发展的原则

42. 根据1980年《联合国国际货物销售合同公约》的规定，在合同一方不履行合同义务构成根本违约的情况下，关于守约方请求损害赔偿的权利，下列表述正确的是（　　）。

A. 守约方可以根据实际情况请求赔偿原合同价与转卖合同价之间的价差
B. 守约方可以根据实际情况请求赔偿合同价与市价之间的价差以及其他因对方违约造成的损失
C. 守约方可获得的损害赔偿不得超过违约方在订立合同时，依照他当时已知道或理应知道的事实和情况，对违反合同预料到或理应预料到的可能损失

D. 守约方有权对其实际遭受的、违约方缔约时理应预料到的所有损失获得赔偿

43. 南美某国甲公司希望从我国乙公司购买一批货物。双方正在就货物销售合同的具体条款进行谈判。双方都希望选择国际商会2010年《国际贸易术语解释通则》中的贸易术语来确定货物销售的价格和相关义务。双方对于该货物的国际买卖均有丰富经验，且都与从事国际海上货物运输和保险的专业公司保持着经常的业务关系。基于上述事实，下列哪些表述是正确的？（　　）

A. 从甲公司的角度出发，如果选择EXW贸易术语，意味着它要承担的相关义务比选任何其他的贸易术语都要大

B. 甲公司可以接受“CFR天津”的贸易术语而自己向保险公司投保货物运输险

C. 假如双方采用了“CFR布宜诺斯艾利斯”的贸易术语，乙公司对货物在公海上因船舶沉没而导致的货损应向甲公司承担赔偿责任

D. 双方都有可能接受2010年《国际贸易术语解释通则》F组中的某项贸易术语

44. 中国甲公司向波兰乙公司出口一批电器，采用DAP术语，通过几个区段的国际铁路运输，承运人签发了铁路运单，货到目的地后发现有部分损坏。依相关国际惯例及《国际货协》，下列哪些选项是正确的？（　　）

A. 乙公司必须确定损失发生的区段，并只能向该区段的承运人索赔

B. 铁路运单是物权凭证，乙公司可通过转让运单转让货物

C. 甲公司在指定目的地运输终端将仍处于运输工具上的货物交由乙公司处置时，即完成交货

D. 各铁路区段的承运人应承担连带责任

45. 中国丙公司与甲国乙公司签订FCA合同出口一批电子器材（该种电子器材已被列入我国出口管制清单），乙公司为该批电子器材的最终用户。依据2020年《国际贸易术语解释通则》和中国的《出口管制法》，下列哪些选项是正确的？（　　）

A. 中国丙公司应承担运费和保险费用

B. 若该批电子器材是中国丙公司进口后再出口，仍然应申领出口许可证

C. 甲国乙公司在需要的情况下，可自行向第三方转让该批电子器材

D. 若甲国乙公司自行将该批电子器材转让给第三方，我国出口管制管理部门有权将其列入管控名单，禁止或限制向其出口管制物项

不定项选择题

1. 目前用来解决EDI的全球化过程中出现的法律问题的途径有国内立法、通信协议和国际立法三种，其中有关国际立法包括（　　）。

A.《国际贸易术语解释通则》　　B.《国际海事委员会电子提单规则》

C.《跟单信用证统一惯例》（600号）　　D.《联合国电子商务示范法》

2. 上海甲公司给厦门乙公司发出要约称：“鲤鱼饲料数量180吨，单价CIF厦门980美元，总值176400美元，合同订立后3个月内装船，不可撤销即期信用证付款，请电复。”厦门乙公司还价：“接受你方发价，在订立合同后请立即装船。”对此上海甲公司没有回音，也一直没有装船。厦门乙公司认为上海甲公司违约。在此情形下，下列选项哪个是正确的？（　　）

A. 甲公司应于订立合同后立即装船　　B. 甲公司应于订立合同后三个月内装船

C. 甲公司一直未装船是违约行为　　D. 该合同没有成立

3. 国际货物买卖合同的履行会涉及货物风险的转移。根据1980年《联合国国际货物销售合同公约》的规定，在有关货物销售合同已经按照公约要求的方式被注明的前提下，关于风险转移，下列表述错误的是（　　）。

A. 如果双方对需要运输的货物没有约定特定的交货地点，则自货物按照合同交付给第一承运人以转交给买方时起，风险就转移到买方

B. 对于在运输途中销售的货物，风险自买方收到货物时转移到买方

C. 卖方经授权保留控制货物处置权的单据，不影响风险的转移

D. 如卖方有义务在某一特定地点把货物交付给承运人，在货物于该地点交付给承运人以前，风险不转移到买方

4. A公司和B公司于2024年5月20日签订合同，由A公司将一批平板电脑售卖给B公司。A公司和B公司营业地分别位于甲国和乙国，两国均为《联合国国际货物销售合同公约》缔约国。合同项下的货物由丙国C公司的“潇湘”号商船承运，装运港是甲国某港口，目的港是乙国某港口。在运输途中，B公司与中国D公司就货物转卖达成协议。请回答：如货物运抵乙国后，乙国的E公司指控该批平板电脑侵犯其在乙国取得的专利权，致使货物遭乙国海关扣押，B公司向A公司索赔。在下列选项中，A公司无须承担责任的情形是（　　）。

A. A公司在订立合同时不知道这批货物可能依据乙国法属侵权

B. B公司在订立合同时知道这批货物存在第三者权利

C. A公司是遵照B公司提供的技术图样和款式进行生产的

D. B公司在订立合同后知道这批货物侵权但未在合理时间内及时通知A公司

5. 甲公司从国外进口一批货物，根据《联合国国际货物销售合同公约》，关于货物检验和交货不符合同约定的问题，下列说法正确的是（　　）。

A. 甲公司有权依自己习惯的时间安排货物的检验

B. 如甲公司须再发运货物，没有合理机会在货到后加以检验，而卖方在订立合同时已知道再发运的安排，则检验可推迟到货物到达新目的地后进行

C. 甲公司在任何时间发现货物不符合合同均可要求卖方赔偿

D. 货物不符合合同情形在风险转移时已经存在，在风险转移后才显现的，卖方应当承担责任

6. 营业地位于不同国家的甲乙两公司签订了货物买卖合同，约定使用FCA术语为交货条件。关于该术语以下说法错误的有（　　）。

A. 该术语可以适用于任何的运输方式包括多式联运

B. 该术语只能适用于海运运输合同

C. 该术语要求卖方将货物交给第一承运人时完成交货义务

D. 承运人自收到货物时，货物的风险由卖方转移给买方

7. 中国甲公司（买方）与A国乙公司（卖方）签订FCA合同进口货物，采用陆海联运，双方在合同中约定中国甲公司应通知海运承运人向A国乙公司签发已装船提单，货款以信用证方式支付。货物在海运途中因强热带风暴湿损，依据2020年《国际贸易术语解释通则》及国际经济法的相关规则和实践，下列哪些选项是正确的？（　　）

A. 货物风险自货交第一承运人时转移

B. 因海运承运人在货物装船后向A国乙公司签发了已装船提单，故A国乙公司应承担海运中的损失

C. 应由A国乙公司负责投保货物运输险

D. 中国甲公司可以A国乙公司交付的货物质量不符合合同约定为由，要求银行拒付货款

名词解释

1. CIF（成本、保险费加运费）

2. 承诺

3. 电子单证
4. 货物的品质规格条款
5. 瑕疵担保
6. 不可抗力条款
7. 第三方要求
8. 先期违约

简答题

1. 简述《联合国国际货物销售合同公约》中规定的卖方知识产权担保义务。

2. 我国在加入《联合国国际货物销售合同公约》时，作了哪两点保留？其保留的法律依据是什么？

3. 简析《联合国国际货物销售合同公约》下解除国际货物销售合同的条件及效果。

4. 简述《联合国国际货物销售合同公约》关于卖方权利担保义务的规定。

5. 简述《联合国国际货物销售合同公约》规定的中止履行义务的适用条件。

6. 根据《联合国国际货物销售合同公约》的规定，货物风险转移的基本原则是什么？

论述题

1. 分别阐述FOB合同中卖方根据《国际贸易术语解释通则》和《联合国国际货物销售合同公约》所承担的义务，并且简要分析两类义务相互之间的关系。

2. 根据《联合国国际货物销售合同公约》的规定，分析逾期承诺的法律效力。

3. 试述国际上对货物所有权转移的原则和做法。

案例分析题

1. 2024年5月10日，中国某地粮油进出口公司A与西班牙一公司B签订了出口大米若干吨的合同，该合同约定：规格为水分量最高20%，破碎率最高10%，以中国商品检验局的检验证明为最后依据；每吨若干美元，FOB中国某港口，买方须于2024年6月10日派船只接运货物；等等。B没按期派船前来接运，直至当年9月20日才派船来华接货。大米运抵目的港后，买方B发现大米生虫，于是委托当地一家检验机构进行了检验，并签发了虫害证明。B据此向A提出索赔请求，遭到A的拒绝，A同时要求B支付延误期间A方支付的大米仓储保管费及其他费用。另外，保存在中国商品检验局的检验货样至争议发生后仍完好，并未发生虫害。问：

（1）A要求B支付延误时期的大米仓储保管费及其他费用能否成立，为什么？

（2）B的索赔要求能否成立，为什么？

2. 2024年9月，新加坡甲公司与上海乙公司签订购买10吨茶叶的合同，交货条件是CIF新加坡每吨3万新元，付款方式为托收方式D/P付款。9月23日，乙公司与航运公司签订了运输合同，并与保险公司签订保险合同，投保了价值为合同总金额的平安险。2024年10月3日，该批货物出港后，在10月4日下午3点时突然遭受风暴袭击。运输货轮船舱进水，几乎沉没，船上的货物大部分落进大海；后经有关方面的援助，该货轮幸免于难，但所运货物几乎全部报废。甲公司获悉该批货物灭失的消息，拒向代收行付款。乙公司多次索要货款未果，遂于2010年12月7日根据仲裁条款向中国国际经济贸易仲裁委员会提请仲裁。

问：本案新加坡甲公司是否应承担付款义务？

3. 2024年3月25日，中国某进出口公司应马来西亚甲公司请求，报出某通信设备即期装运的实盘。并规定要约的有效期为 4 月 15 日；对方接到我方报盘后，要求延长要约有效期，我方经考虑，同意将要约有效期延至 5 月 10 日。5 月 5 日，甲公司来电接受该盘。但在我方接到对方承诺的同时，发现因受国际市场变化的影响，该同类产品的价格暴涨。我方拒绝成交，打算等候时机，同时复电对方，声称由于市场变化的影响，致使我方在接到对方承诺前已将货物售出。对方坚持要求我方履行合同，否则便赔偿损失，我方不予理会。于是，甲公司向法院提起诉讼。问：

本案我方公司是否应履行合同？

4. 欧洲某公司与非洲某公司签订了一份 FOB 合同。在卖方欧洲某公司将货物交给承运人，承运人用吊装机械装运货物的过程中，部分货物包装被吊钩钩破，货物损坏。货物到达目的港后，买方经检验发现该损失，随即向卖方欧洲某公司提出索赔。欧洲某公司拒绝赔偿，并声称该损失应该由装运港的装运部门负责。问：

（1）卖方的主张是否合理？

（2）该损失应该由哪一方承担？

5. 2024 年 4 月，中国甲贸易公司与某国乙贸易公司签订了某品牌打印机进口合同。合同约定：乙贸易公司在 6 月底前交货。付款方式为信用证。合同签订后，甲贸易公司按期开来了信用证。但直到 6 月 30 日，甲贸易公司仍未收到乙贸易公司任何关于货物已经装船或延期交货的通知。7 月 3 日，乙贸易公司向甲贸易公司发来传真，称原定货轮因故延至 7 月 15 日才能起航，无法保证按期交货，要求甲贸易公司将信用证装船期延至 7 月 15 日，有效期延至 7 月 31 日，并要求甲贸易公司于 7 月 4 日回复传真。甲贸易公司按期回复，告知乙贸易公司修改信用证的条件是价格下调 10%，否则将宣告撤销合同。但乙贸易公司没有同意，仍然要求甲贸易公司延长信用证有效期，否则将货物另售他人。甲贸易公司于 7 月 5 日正式函告乙贸易公司，终止合同并提出索赔。问：

（1）甲贸易公司最后的处理方法是否合理，为什么？

（2）如果甲贸易公司的主张成立，乙贸易公司应当如何赔偿甲贸易公司？

第五章　国际货物运输与保险

基础知识图解

- 国际海上货物运输
  - 提单
    - 定义、特征、种类
    - 承运人责任及其豁免
    - 托运人责任
    - 公约
      - 《海牙规则》
      - 《维斯比规则》
      - 《汉堡规则》
  - 租船合同
    - 航次租船合同
    - 定期租船合同
- 国际航空、铁路运输
  - 调整航空运输的《统一国际航空运输某些规则的公约》①
  - 调整铁路运输的《关于铁路货物运输的国际公约》② 和《国际铁路货物联运协定》③
- 国际多式联运
  - 含义、特征
  - 多式联运单据
  - 联运人的责任
  - 发货人的责任
  - 索赔与诉讼
- 国际货物运输保险
  - 保险合同
    - 承保风险与损失
      - 全部损失
        - 实际全损
        - 推定全损
      - 部分损失
        - 共同海损
        - 单独海损
    - 委托与代位求偿
  - 险别
    - 基本险别
      - 平安险
      - 水渍险
      - 一切险
    - 特殊险别
      - 一般附加险
      - 特别附加险
      - 特殊附加险

---

① 以下简称《华沙公约》。

② 以下简称《国际货约》。

③ 以下简称《国际货协》。

配套测试

单项选择题

1. 中国甲公司以CIF价向某国乙公司出口一批服装，以信用证方式付款，有关运输合同明确约定适用《海牙规则》。甲公司在装船并取得提单后，办理了议付。两天后，甲公司接到乙公司来电，称装船的海轮在海上因雷击失火，该批服装全部烧毁。对于上述情况，下列哪一选项是正确的？（　　）

A. 乙公司应向保险公司提出索赔

B. 甲公司应向保险公司提出索赔

C. 甲公司应将全部货款退还给乙公司

D. 乙公司应向承运人提出索赔

2. 当信用证规定的有效期即将届满而货物还没有装船时，托运人为了使提单上的装船日期与信用证规定的日期相符，要求承运人在货物装船前签发的已装船提单称为（　　）。

A. 清洁提单　　B. 不清洁提单　　C. 倒签提单　　D. 预借提单

3. 下列哪项公约首次在一定范围内承认了保函的效力即规定托运人为了换取清洁提单可向承运人出具保函，但保函只在托运人和承运人之间有效；如果保函有欺诈意图，则保函无效，承运人应赔偿第三者的损失，且不能享受责任限制？（　　）

A.《汉堡规则》　　B.《维斯比规则》

C.《海牙规则》　　D.《联合国国际货物销售合同公约》

4. 下列公约中实行推定完全过失责任的是（　　）。

A.《海牙规则》　　B.《华沙—牛津规则》

C.《汉堡规则》　　D.《维斯比规则》

5.《汉堡规则》规定的承运人迟延交货的责任限额为下列哪项？（　　）

A. 迟交货物应付运费的1倍　　B. 迟交货物的每公斤2.5计算单位

C. 每件迟交货物835计算单位　　D. 迟交货物应付运费的2.5倍

6.《汉堡规则》对承运人责任期间的规定有（　　）。

A. 装到卸　　B. 钩到钩　　C. 舷到舷　　D. 接到交

7. 在提单中承运人的责任制问题上，《海牙规则》采用的是（　　）。

A. 不负过失责任　　B. 完全过失责任　　C. 不完全过失责任　　D. 过失责任

8. 中国甲轮将一批饲料从日本东京港运至中国威海港。甲轮到达目的港后，发现所载饲料因发霉受损。经检验，发现饲料霉损分别由下列原因所致，其中应由承运人承担赔偿责任的是（　　）。

A. 霉损是因船员修理船舱后忘记关闭舱盖，雨水渗入所致

B. 霉损是因海上风浪过大，海水浸泡所致

C. 霉损是因为货舱通风不良所致

D. 霉损是因该批饲料本身含水分过高所致

9.《汉堡规则》规定，承运人对火灾所引起的灭失、损坏或迟延交付负赔偿责任，证明承运人、其受雇人或代理人对此有过失的举证责任由谁承担？（　　）

A. 承运人　　B. 托运人　　C. 保险人　　D. 索赔人

10. 中国甲公司与日本乙公司签订了购买3500吨钢材的合同，由中国的“东风”号将该批货物

从日本神户运至宁波，“东风”号在途中遇小雨，因货舱盖不严使部分货物生锈。下列关于货物责任的选项正确的是（　　）。

A. 甲公司应自行承担此项损失

B. 乙公司应赔偿甲公司的损失

C. 承运人可依《海商法》的规定主张免责，但应承担举证责任

D. 承运人应赔偿货物锈损的损失

11. 根据1924年《海牙规则》的规定，在航行过程中遭受的下列损失，承运人不可免责的是哪一项？（　　）

A. 不论何种原因引起的局部或全面罢工或停工而造成的货物的损失

B. 承运人为多装货物，下令将船上的救火设施拆除，在航运途中船舶失火造成的货物烧毁的损失

C. 承运的货物因本身湿度过大而发生霉变造成的损失

D. 航行途中，船长超速驾驶，结果船舶触礁货舱进水造成的货物湿损

12. 首次明确了提单对于善意受让人是最终证据的国际公约是（　　）。

A.《维斯比规则》　B.《海牙议定书》　C.《海牙规则》　D.《汉堡规则》

13. 一批货物按发票总值的110%投保了平安险。载运该批货物的轮船于6月7日在海上遭到暴风雨的袭击，使该批货物受到部分水渍，损失价值为1000元；该轮继续航行，又于6月9日发生触礁事故，又使该批货物产生部分损失，损失货物价值为2000元。保险公司按平安险条款，应支付的赔偿额为多少元？（　　）

A. 2200元　B. 1100元　C. 3300元　D. 4400元

14. 船舶出租人向承租人提供约定的由出租人配备船员的船舶，由承租人在约定的期限内按约定用途使用，并支付租金的合同属于（　　）。

A. 光船租赁合同　B. 班轮运输合同　C. 航次租船合同　D. 定期租船合同

15. 在航次租船运输中，船舶如果迟于什么时间到达装货港，租船人有解除合同的权利？（　　）

A. 受载日　B. 交货日　C. 解约日　D. 装卸日

16. 在航次租船运输中，如果承租人在装卸期间届满前提前完成装货或卸货，则出租人应向承租人支付（　　）。

A. 滞期费　B. 速遣费　C. 预付运费　D. 到付运费

17. 从性质上讲，光船租赁合同属于（　　）。

A. 货物运输合同　B. 财产租赁合同　C. 货物买卖合同　D. 货物运输保险合同

18. 航空货运代理公司将若干单独发运的货物组成一整批货物，用一份总运单将货物整批发运到目的地的航空运输属于国际航空运输方式中的哪一种？（　　）

A. 部分包机运输　B. 集中托运　C. 班机运输　D. 整包机运输

19. 规范国际货物航空运输的《华沙公约》规定的诉讼时效是自航空器到达目的地或应该到达之日起（　　）。

A. 2年　B. 4年　C. 6个月　D. 1年

20. 一载货轮船从中国大连港出发，驶往美国旧金山。船经日本海领域时货轮起火，大火蔓延至机舱，船长为了船货安全，命令往舱中浇水灭火。火扑灭后，经检查，主机受损，船舶无法继续航行，于是船长命令驶入日本大阪港进行修理，待船整修好后，继续驶往旧金山，并在旧金山进行理算，理算时应适用哪国法律？（　　）

A. 中国法　B. 日本法

C. 美国法　　D. 当事人可以选择第三国法

21. 我国参加的调整国际铁路货物运输的国际公约是（　　）。

A.《联合国国际货物销售合同公约》　　B.《国际货约》

C.《联合国国际货物多式联运公约》　　D.《国际货协》

22.《国际货协》规定，为了保证核收运输合同项下的一切费用，铁路当局对货物可行使留置权，留置权的效力以下列哪一国的法律为依据？（　　）

A. 货物经停国　　B. 货物交付国　　C. 货物发运国　　D. 货物制造国

23. 下列单据中，具有物权凭证特征的有（　　）。

A. 海运提单　　B. 航空货运单

C. 铁路运单　　D. 货物运输保险单

24. 关于《联合国国际货物多式联运公约》，下列说法中正确的有（　　）。

A. 该公约规定的诉讼时效是 1 年

B. 该公约所说的“国际多式联运”，是指多式联运经营人以两种以上的运输方式，并且其中至少有一种是海运，将货物从一国境内接管货物的地点运至另一国指定交付货物的地点

C. 该公约至今尚未生效

D. 该公约规定多式联运经营人的责任期间为从货物装上第一个运输工具至货物卸离最后一个运输工具

25. 下列关于委付和代位求偿权关系的提法中错误的是（　　）。

A. 委付适用于全损或部分损失，而代位适用于推定全损

B. 委付转让的是保险标的所有权及其他相关的权利义务，而代位是向第三者追偿的权利

C. 委付与代位都适用于海上货物运输保险

D. 委付是保险人取得保险标的的所有权后，向被保险人支付保险赔款，而代位是以保险人向被保险人支付赔偿为前提

26.《联合国国际货物多式联运公约》在联运经营人的责任制问题上，采用的是（　　）。

A. 完全推定责任原则　　B. 不负过失责任原则

C. 不完全的过失责任原则　　D. 航行过失免责的原则

27.《海商法》规定，除合同另有约定外，保险责任开始后导致（　　）。

A. 被保险人可以解除合同，保险人不可以

B. 保险人可以解除合同，被保险人不可以

C. 保险人、被保险人均不可以解除合同

D. 保险人、被保险人均可以解除合同

28. 丝绸公司是一家中外合营企业，由来自意大利、韩国和中国的 6 家公司共同举办。多边投资担保机构（MIGA）向这个合营者的股权投资提供了 200 万美元的担保，按照 MIGA 的规定，其不予以承保的风险为（　　）。

A. 商业风险　　B. 货币转移险　　C. 战争和内乱险　　D. 违约险

29. 我国《海商法》规定，根据海上保险合同向保险人要求保险赔偿的请求权，时效期间为 2 年，其起算时间是（　　）。

A. 保险事故发生之日　　B. 被保险的货物起运之日

C. 首次向保险公司提出索赔之日　　D. 保险合同成立之日

30. 货物全部毁灭或因受损而失去原有用途，或被保险人已无可挽回地丧失了保险标的的情况属于下列哪种损失？（　　）

A. 部分损失　　B. 单独海损　　C. 实际全损　　D. 推定全损

31. 委付是在什么情况下，被保险人将残存货物的所有权转移给保险公司，并请求取得全部保险金额的？(　　)

A. 共同海损　　B. 单独海损　　C. 实际全损　　D. 推定全损

32. 在中国人民保险公司海洋运输货物保险的三种基本险别中，保险公司承担保险责任最大的是(　　)。

A. 平安险　　B. 水渍险　　C. 一切险　　D. 战争险

33. 中国甲公司与法国乙公司签订 CIF 合同进口设备。在约定的装船日期，乙公司如数将符合合同质量要求的设备交与承运人。但在海上运输的途中海浪过大，设备被海水浸泡而导致质量降低。请问该批货物损失应由谁承担？(　　)

A. 承运人　　B. 保险公司　　C. 甲公司　　D. 乙公司

34. 根据我国《海商法》的有关规定，货物由承运人接收或装船后，应托运人的要求，承运人(　　)。

A. 可以签发提单　　B. 应当签发提单　　C. 无须签发提单　　D. 应当签发清洁提单

35. 下列哪种提单依我国《海商法》的规定不能转让？(　　)

A. 指示提单　　B. 不记名提单　　C. 记名提单　　D. 已装船指示提单

36. 下列哪项属于指示提单的转让方式？(　　)

A. 交付即转让　　B. 背书转让

C. 经承运人同意后方能转让　　D. 不能转让

37. 在提单中承运人的责任制问题上，《海牙规则》采用的是下列哪种责任？(　　)

A. 不负过失责任　　B. 完全过失责任　　C. 不完全过失责任　　D. 过失责任

38. 拖轮所有人拖带其驳船，将货物从上海港运至日本东京港，属于下列哪一类合同？(　　)

A. 拖航合同　　B. 货物买卖合同　　C. 定期租船合同　　D. 海上货物运输合同

39. 由保险人和被保险人商定的，保险人承担损失补偿的最高责任限额称为(　　)。

A. 保险价值　　B. 保险标的　　C. 保险金额　　D. 保险费

40. 甲国 A 公司(买方)与乙国 B 公司(卖方)签订一进口水果合同，价格条件为 CFR，装运港的检验证书作为议付货款的依据，但约定买方在目的港有复验权。货物在装运港检验合格后交由 C 公司运输。由于乙国当时发生传染病，船舶到达甲国目的港外时，甲国有关当局对船舶进行了熏蒸消毒，该工作进行了数天。之后，A 公司在目的港复验时发现该批水果已全部腐烂。依据《海牙规则》及有关国际公约，下列哪一选项是正确的？(　　)

A. C 公司可以免责

B. A 公司应向 B 公司提出索赔，因为其提供的货物与合同不符

C. A 公司应向 C 公司提出索赔，因为其没有尽到保管货物的责任

D. A 公司应向 B 公司提出索赔，因为其没有履行适当安排保险的义务

41. 平安险是中国人民保险公司海洋货物运输保险的主要险别之一。下列哪一损失不能包括在平安险的责任范围之内？(　　)

A. 被保险货物在运输途中由于自然灾害造成的全部损失

B. 被保险货物在运输途中由于自然灾害造成的部分损失

C. 共同海损的牺牲、分摊

D. 共同海损的救助费用

42. 中国 A 公司与泰国 B 公司签订 CIF 合同进口泰国香米。在约定的装船日期，B 公司如数将符合合同质量要求的香米交与承运人。但在海上运输的途中海浪过大，大米被海水浸泡而导致质量降低。

请问该批货物损失应由谁承担？（ ）

A. A公司 B. B公司 C. 承运人 D. 保险公司

43. 海运单是20世纪70年代以来，随着集装箱运输的发展，特别是航程较短的运输中产生的一种运输单证。关于海运单，下列哪一选项是正确的？（ ）

A. 海运单是一种可流通的书面运输单证

B. 海运单不具有证明海上运输合同存在的作用

C. 第三方以非法的方式取得海运单时无权提取货物

D. 海运单具有物权凭证的特征，收货人凭海运单提取货物

44. 中国甲公司通过海运从某国进口一批服装，承运人为乙公司，提单收货人一栏写明“凭指示”。甲公司持正本提单到目的港提货时，发现货物已由丙公司以副本提单加保函提取。甲公司与丙公司达成了货款支付协议，但随后丙公司破产。甲公司无法获赔，转而向乙公司索赔。根据我国相关法律规定，关于本案，下列哪一选项是正确的？（ ）

A. 本案中正本提单的转让无须背书

B. 货物是由丙公司提走的，故甲公司不能向乙公司索赔

C. 甲公司与丙公司虽已达成货款支付协议，但未得到赔付，不影响甲公司要求乙公司承担责任

D. 乙公司应当在责任限制的范围内承担因无单放货造成的损失

45. 青田轮承运一批啤酒花从中国运往欧洲某港，货物投保了一切险，提单上的收货人一栏写明“凭指示”，因生产过程中水分过大，啤酒花到目的港时已变质。依据《海牙规则》及相关保险规则，下列哪一选项是正确的？（ ）

A. 承运人没有尽到途中管货的义务，应承担货物途中变质的赔偿责任

B. 因货物投保了一切险，保险人应承担货物变质的赔偿责任

C. 本提单可通过交付进行转让

D. 承运人对啤酒花的变质可以免责

46. 中国甲公司与法国乙公司订立了服装进口合同，以信用证付款，丙银行保兑。货物由“铂丽”号承运，投保了平安险。甲公司知悉货物途中遇台风全损后，即通知开证行停止付款。依据《海牙规则》、UCP600号及相关规则，下列哪一选项是正确的？（ ）

A. 承运人应承担赔偿甲公司货损的责任

B. 开证行可拒付，因货已全损

C. 保险公司应赔偿甲公司货物的损失

D. 丙银行可因开证行拒付而撤销其保兑

47. 中国甲公司从意大利乙公司进口一批珠宝，意大利乙公司委托航空货运代理公司在意大利安排了航空运输。因为飞行故障，飞机在航空站点外降落致使货物受损。根据《华沙公约》和我国相关法律规定，下列哪一项判断是正确的？（ ）

A. 航空运单不是物权凭证

B. 航空货运代理公司安排航空运输产生的纠纷应适用意大利法

C. 因飞机在航空站点外降落，故航空公司对货损免责

D. 因飞机在航空站点外降落，故货损应由买方承担

48. 中国甲公司向德国乙公司出口一批货物，双方约定采取CIF（汉堡）规范双方之间的合同。甲公司委托丙公司承担该批货物的运输并向丁公司投保了平安险。该批货物在运输过程中遭受了数次损失。第一次因为遭遇风浪损失了部分货物，第二次因为工人检修船舶电路又造成了部分货物损失，第三次因为忘记给货舱通风造成部分货物受潮受热。根据我国《海商法》及相关规则，下列选项正确的是（ ）。

A. 丙公司和丁公司均应对第一次损失承担责任
B. 丙公司和丁公司均应对第二次损失承担责任
C. 丙公司和丁公司均应对第三次损失承担责任
D. 应当由甲公司负责该批货物的保险费用

49. 中国甲公司委托成都国际铁路运输港运送一批货物途经多个共建“一带一路”国家，最终到达波兰并交付给波兰乙公司。根据《国际货协》，下列说法正确的是（　　）。
A. 该运输合同从始发站签发运单时起成立
B. 该运输合同的责任期间从始发站承运货物时起成立
C. 波兰乙公司有权任意变更到站或收货人
D. 成都国际铁路运输港对运输途中的损失承担连带责任

多项选择题

1. 目前调整提单运输的国际公约有（　　）。
A.《国际货约》　B.《海牙规则》　C.《维斯比规则》　D.《汉堡规则》
2. 下列选项中哪些属于提单的法律特征？（　　）
A. 提单是收货人出具的接收货物的收据
B. 提单是海上货物运输合同的证明
C. 提单是承运人凭以交付货物的具有物权特性的凭证
D. 提单就是海上货物运输合同
3. 提单运输合同的当事人包括（　　）。
A. 承运人　B. 实际承运人　C. 托运人　D. 收货人
4. 下列提单哪些是按照提单上是否有批注的标准所作的分类？（　　）
A. 记名提单　B. 不记名提单　C. 清洁提单　D. 不清洁提单
5. 提单中注明的装船日期早于实际装船日期的情况有（　　）。
A. 预借提单　B. 倒签提单　C. 已装船提单　D. 收货待运提单
6. 关于承运人赔偿责任基础，下列选项中实行“不完全过失责任原则”的有（　　）。
A.《海牙规则》　B.《维斯比规则》　C.《汉堡规则》　D.《海商法》
7. 在提单中承运人的责任制问题上，《汉堡规则》采用的责任基础是（　　）。
A. 不负过失责任　B. 完全过失责任　C. 不完全过失责任　D. 推定过失责任
8. 下列哪几项属于《汉堡规则》的适用范围？（　　）
A. 提单或作为海上运输合同证明的其他单证在某一缔约国签发
B. 提单或作为海上运输合同证明的其他单证上载有适用《汉堡规则》或采纳该规则的任何国内法的首要条款
C. 装货港或卸货港或备选卸货港位于缔约国
D. 租船合同项下的提单
9. 下列属于《海牙规则》规定的承运人最低限度的义务有（　　）。
A. 承运人必须承担绝对地使船舶适航的责任
B. 承运人应当适当和谨慎地承担管货的义务
C. 承运人必须在整个责任期间内使船舶具有适航性
D. 承运人在开航前和开航时必须谨慎处理，使船舶具有适航性
10. 国际上最常用的航次租船合同格式为（　　）。
A. 土产格式合同　B. 纽约格式合同

C. 统一杂货租船合同　　D. 金康合同

11. 下列属于航次租船合同特有条款的有（　　）。

A. 预备航次条款　　B. 装卸期间条款　　C. 停租条款　　D. 运送合法货物条款

12. 我国加入的有关航空运输的国际公约有（　　）。

A.《海牙规则》　　B.《瓜达拉哈拉公约》

C.《华沙公约》　　D.《海牙议定书》

13. 关于航空运单，下列说法中正确的有（　　）。

A. 和海运提单一样，航空运单也是货物的物权凭证

B. 航空运单一般都印有“不可转让”的字样

C. 航空运单是记载收货人应负担费用和代理费用的记载凭证

D. 当承运人承办保险或托运人要求承运人代办保险时，航空运单则可用来作为保险证书

14. 下列哪几项是《联合国国际货物多式联运公约》对多式联运经营人赔偿责任限额的规定？（　　）

A. 如在国际多式联运中包括了海运或内河运输，多式联运经营人的赔偿责任限额为每件 920 个特别提款权，或货物毛重每公斤 2. 75 个特别提款权，以较高者为准

B. 如在国际多式联运中未包括海运或内河运输，多式联运经营人的赔偿责任限额为毛重每公斤 8. 33 个特别提款权

C. 如在国际多式联运中包括了海运或内河运输，多式联运经营人的赔偿责任限额为每件 666. 67 个特别提款权，或货物毛重每公斤 2 个特别提款权，以较高者为准

D. 如在国际多式联运中未包括海运或内河运输，多式联运经营人的赔偿责任限额为毛重每公斤 2. 5 个特别提款权

15. 下列各项中，属于国际货物运输保险基本原则的是（　　）。

A. 损失补偿原则　　B. 近因原则　　C. 保险利益原则　　D. 最大诚实信用原则

16. 根据我国《海商法》的规定，海上运输货物保险合同中，保险人承担的赔偿责任包括（　　）。

A. 保险人赔偿保险事故造成的损失，以保险金额为限。保险金额低于保险价值的，在保险标的发生部分损失时，保险人按照保险金额与保险价值的比例负赔偿责任

B. 保险标的在保险期间发生几次保险事故所造成的损失，即使损失金额的总和已超过保险金额，保险人也应当赔偿

C. 一旦发生保险事故，即按保险金额全额赔偿

D. 保险标的在保险期间发生几次保险事故所造成的损失，即便损失金额的总和已超过保险金额，保险人也应以保险金额为限赔偿

17. 在被保险人向保险公司发出委付通知的情况下，该保险公司可以选择的处理方法是（　　）。

A. 无条件地接受委付　　B. 有条件地接受委付

C. 必须接受委付　　D. 拒绝接受委付

18. 我国《海商法》规定承运人须在开航前和开航时恪尽职责使船舶适航，其具体含义是（　　）。

A. 在开航前船舶适于航行　　B. 船员的配备、船舶装备和供应适当

C. 船舶要适合货物的安全运送和保管　　D. 在开航时船舶适于航行

19. 下列险别中，属于我国海洋货物运输保险中一般附加险的是（　　）。

A. 短量险　　B. 拒收险　　C. 串味异味险　　D. 舱面险

20. 下列选项中属于我国《海商法》规定的保险人不负赔偿责任范围的有（　　）。

A. 对因航行迟延、交货迟延或者行市变化或货物的自然损耗、本身缺陷和自然特性造成的损失
B. 对因船舶开航时不适航造成的保险船舶损失
C. 对于被保险人故意造成的损失
D. 因船舶自然磨损或锈蚀造成的损失

21. 被保险人通常承担的义务包括（　　）。
A. 如实申报　B. 及时提货　C. 保全货物　D. 支付保费

22. 国际货物买卖中，买方和议付货款的银行一般只愿意接受（　　）。
A. 已装船提单　B. 收货待运提单
C. 清洁提单　D. 不清洁提单

23. 班轮运输合同的当事人包括（　　）。
A. 承运人　B. 实际承运人　C. 托运人　D. 收货人

24. 关于对货物的适用范围，《海牙规则》不适用于（　　）。
A. 动植物　B. 活牲畜
C. 舱面货　D. 石油等有环境污染可能的货物

25. 根据我国《海商法》的规定，除非提单中明确规定，否则，收货人、提单持有人不承担（　　）。
A. 在装货港发生的滞期费　B. 在卸货港发生的滞期费
C. 在装货港发生的亏舱费　D. 在卸货港发生的亏舱费

26. 根据我国《海商法》的规定，下列货物运输方式中哪些属于多式联运？（　　）
A. 空海联运　B. 陆海空联运　C. 陆海联运　D. 陆空联运

27. 关于《联合国国际货物多式联运公约》下列说法中正确的是（　　）。
A. 该公约至今尚未生效
B. 该公约所说的“国际多式联运”是指多式联运经营人以两种以上的运输方式，并且其中至少有一种是海运，将货物从一国境内接管货物的地点运至另一国指定交付货物的地点
C. 该公约规定多式联运经营人的责任期间为从货物装上第一个运输工具至货物卸离最后一个运输工具
D. 该公约在多式联运经营人责任制上采用了推定责任原则

28. 下列各项中，属于平安险承保范围的是（　　）。
A. 被保险货物在运输途中由于恶劣天气、雷电、地震等自然灾害所造成的部分损失
B. 被保险货物在运输途中由于恶劣天气、雷电、地震等自然灾害所造成的整批货物的全部损失
C. 由于运输工具遭受搁浅、触礁、互撞等意外事故造成的被保险货物的全部损失
D. 由于运输工具遭受搁浅、触礁、互撞等意外事故造成的被保险货物的部分损失

29. 下列哪几项属于共同海损成立的条件？（　　）
A. 船舶遭遇风险
B. 船货处于共同危险中
C. 采取的措施必须经过各方当事人的同意
D. 采取的措施必须是有意和合理的

30. 下列公约中，采用特别提款权作为赔偿计算单位的是（　　）。
A. 《海牙规则》　B. 《汉堡规则》
C. 《华沙公约》　D. 《联合国国际货物多式联运公约》

31. 保险公司承保水渍险的责任包括赔偿（　　）。

A. 自然灾害造成的全部损失　　B. 自然灾害造成的推定全损

C. 意外事故造成的共同海损　　D. 意外事故造成的单独海损

32. 国际货物运输保险合同包括（　　）。

A. 海上货物运输保险　　B. 陆上货物运输保险

C. 航空货物运输保险　　D. 多式联运保险

33. 中国甲公司与某国乙公司签订茶叶出口合同，并投保水渍险，议定由丙公司“天然”号货轮承运。下列哪些选项属于保险公司应赔偿范围？（　　）

A. 运输中因茶叶串味等外来原因造成货损

B. 运输中因“天然”号过失与另一轮船相撞造成货损

C. 运输延迟造成货损

D. 运输中因遭遇台风造成部分货损

34. 中国甲公司从国外购货，取得了代表货物的单据，其中提单上记载“凭指示”字样，交货地点为某国远东港，承运人为中国乙公司。当甲公司凭正本提单到远东港提货时，被乙公司告知货物已不在其手中。后甲公司在中国法院对乙公司提起索赔诉讼。乙公司在下列哪些情形下可免除交货责任？（　　）

A. 在甲公司提货前，货物已被同样持有正本提单的某公司提走

B. 乙公司按照提单托运人的要求返还了货物

C. 根据某国法律要求，货物交给了远东港管理当局

D. 货物超过法定期限无人向某国海关申报，被海关提取并变卖

35. 两批化妆品从韩国由某公司“清田”号货轮运到中国，适用《海牙规则》，货物投保了平安险。第一批货物因“清田”号过失与他船相碰致部分货物受损，第二批货物收货人在持正本提单提货时，发现已被他人提走。争议诉至中国某法院。根据相关规则及司法解释，下列哪些选项是正确的？（　　）

A. 第一批货物受损虽由“清田”号过失碰撞所致，但承运人仍可免责

B. 碰撞导致第一批货物的损失属于保险公司赔偿的范围

C. 某公司应承担第二批货物无正本提单放货的责任，但可限制责任

D. 某公司对第二批货物的赔偿范围限于货物的价值加运费

36. 根据《反补贴条例》，下列哪些选项属于补贴？（　　）

A. 出口国政府出资兴建通向口岸的高速公路

B. 出口国政府给予企业的免税优惠

C. 出口国政府提供的贷款

D. 出口国政府通过向筹资机构付款，转而向企业提供资金

37. 中国甲公司委托某国乙公司承运一批货物，乙公司向甲公司开具了一份提单，提单在收货人一栏注明“凭指示”。丙公司从甲公司处受让提单后找到乙公司要求提货，此时乙公司已经将货物交给了丁公司。关于本案，根据我国相关法律，下列说法错误的是（　　）。

A. 该提单应该通过背书方式转让

B. 丙公司不能要求乙公司和丁公司承担连带责任

C. 丙公司只能要求乙公司承担侵权责任

D. 如果乙公司无法向丙公司交付货物是因为该货物已被海关变卖，则其仍应向丙公司承担无单放货的责任

38. 中国乙公司依甲国丙公司提供的技术图样与款式生产并出口一批机电设备，合同选用 CIF

术语，货物分两批海运。第一批设备安全抵达甲国目的港，但甲国丁公司对该批机电设备提出了知识产权主张。第二批设备因船方航行过失发生船舶碰撞，导致部分货物受损。依据2020年《国际贸易术语解释通则》、1980年《联合国国际货物销售合同公约》和《海牙规则》，下列哪些选项是正确的？（　　）

A. 除非另有约定，乙公司应为出口的货物投保平安险

B. 即使该批设备侵犯了丁公司在甲国的知识产权，乙公司也无须承担责任

C. 承运方应赔偿第二批货物的损失，因为损失是船方过失导致

D. 保险人应赔偿第二批货物因船舶碰撞导致的损失

39. 中国甲公司与A国乙公司签订合同进口两批服装，由丙公司承运，投保水渍险。丙公司完成装船后签发一式两份已装船清洁提单，提单收货人一栏载明“凭指示”。中国甲公司在目的港凭正本提单向丙公司提货时，发现第一批货物在运输途中遭遇海上风暴货物湿损，第二批货物被中国丁公司提走。争议诉至中国某法院，根据《海牙规则》和国际经济法的相关规则，下列哪些判断是正确的？（　　）

A. 本案提单属于不记名提单，交付即可转让

B. 湿损的货物承运人可免责，保险公司应赔偿

C. 若丙公司有证据证明其是按照A国乙公司的要求将货物交给中国丁公司，则可免除无正本提单交付货物的赔偿责任

D. 丙公司应按照第二批货物装船时的价值加运费和保险费计算对中国甲公司的赔偿额，且不适用我国《海商法》关于限制赔偿责任的规定

不定项选择题

1. 某一载货轮船，在航行途中遇特大风浪，不幸触礁，船身被撞穿一个大洞，随即海水大量涌入，不仅使货物遭到严重的水渍，而且船舶由于大量进水，随时有沉船的危险。为了船、货的共同安全，船长急令轮船驶向附近的浅滩，同时命令将部分货物抛到海里。船舶在浅滩搁浅后，滞留多日，被一过路货轮发现，拖到附近港口检修。经过检查与核对，在这次事故中，该船遭受了如下损失：（1）因触礁，船舶被撞穿一个大洞。（2）因船舶进水，有50包大米被抛到海里；另有50包大米只有水渍损失，经晒干后，可作为次米出售；另外尚有50包茶叶被海水浸泡已不能饮用。（3）除了以上货物，该船上还有一台精密仪器，但因船舶触礁，船身剧烈震动致使该台仪器受到损坏，经专家检验，认为如要修复所需花费将超过该仪器的现有价值。（4）因搁浅而造成的损失。上述损失中，属于单独海损的是（　　）。

A. 因触礁，船舶被撞穿一个大洞　　B. 被抛到海里的50包大米

C. 被海水浸湿的50包大米　　D. 因搁浅而造成的损失

2. 韩国釜山的甲公司与中国大连的乙公司订立购买食物的合同，约定“CIF韩国釜山港交货”，卖方乙公司办理了保险。货物在装船时，有10箱食物从吊钩上脱落坠入海中；在航程中因遭暴雨有5箱货物中渗入雨水；货物运到之后有8箱食物因包装破损而变质；收货人发现货物短量。对于上述各项损失，甲公司不能向保险人获得赔偿的有（　　）。

A. 因包装破损而变质的8箱食物　　B. 短量的货物

C. 装货港坠入海中的10箱食物　　D. 因雨水渗入而损坏的5箱食物

3. 中国甲公司与法国乙公司以CIF价格条件订立了从中国出口饲料的货物买卖合同，该批货物向中国人民保险公司投保了水渍险。当货物到达目的港时，发现饲料上有很多飞虫，致使该批货物已无法正常使用。经检验，发现该批货物在转运前就已含有大量虫卵。下列说法中正确的是（　　）。

A. 承运人无须承担赔偿责任，本案中货物损失是因为货物的固有缺陷所致，其属于承运人的免责事项

B. 乙公司应承担货物损失，本案中货物损失发生在风险转移至乙公司之后

C. 保险公司无须承担赔偿责任，本案中货物的损失属于海运货物保险的除外责任

D. 甲公司应承担货物损失，其对货物损失有过失

4. 2024 年 7 月 2 日，某甲轮（悬挂巴拿马国旗）与某乙轮（在巴拿马登记）在日本海上发生碰撞，造成乙船船体严重受损，在日本某打捞局的帮助下泊于日本某港进行修理。某甲轮继续航行至中国青岛港。某乙轮随后亦停靠青岛港，并向海事法院提出海事请求权保全申请，申请扣押某甲轮，海事法院在依法予以审查后，将某甲轮扣押。其后，某乙轮向法院提起诉讼。对本案具有管辖权的法院是（　　）。

A. 中国海事法院　　B. 日本海事法院

C. 巴拿马海事法院　　D. 当事人可以约定由某国法院管辖

5. 承运人 A 公司以其船舶“阿奇兹”号运载托运人 B 公司的一批橘子到伦敦。该轮代理对托运人口头保证：该轮在西班牙港口瓦伦西亚装上该批橘子后，将直接驶往伦敦并卸货。但后来，“阿奇兹”号并未直驶伦敦，而是先驶向比利时的安特卫普。结果当托运人的橘子到达伦敦时，橘子的进口关税提高了，且由于其他橘子的大量到货，使橘子的价格下降。托运人认为如果货物是依口头约定直驶伦敦的，关税的提高和橘子价格的下跌都应在该轮到达之后发生。托运人向法院起诉，要求承运人赔偿其遭受的损失。承运人则辩称：提单中载明有规定承运人可以任意地经过任何航线将货物直接或者间接地运往目的地的条款，因此不应对因为绕道安特卫普引起的损失承担赔偿责任。下列关于本案的说法中正确的是（　　）。

A. 承运人与托运人之间的权利义务应依据提单的规定，因此承运人不应赔偿托运人的损失

B. 提单只是运输合同的证明，承运人未按运输合同履行义务，应赔偿托运人的损失

C. 托运人与承运人之间的口头约定不能改变提单的内容

D. 关税的提高属于不可抗力，承运人对因此而发生的损失不应承担赔偿责任

6. 我国 A 公司与某外国 B 公司于 2010 年 10 月 20 日签订了购买化肥的 CFR 合同，A 公司开出的信用证规定，装船期限为 2011 年 1 月 1 日至 1 月 10 日。B 公司租来的货轮在开往装货港途中发生海难，导致装货至 2011 年 1 月 20 日才完成。承运人在接受 B 公司保函的情况下，签发了与信用证条款一致的提单。依提单上载明的装船日期预计船舶将于 2 月 10 日到达目的港，收货人已安排好了一些接货的工作，但该船却于 2 月 25 日才到达目的港，这时正赶上化肥的价格下跌，使 A 公司在出售化肥时的价格大大下降。另外，由于收货人已为接货做好了运输工具和仓库的安排，化肥的延迟到港也引起了收货人在这方面的损失。关于本案例，下列选项中哪些是正确的？（　　）

A. 该案属于承运人依托运人的保函倒签提单的情况，因此引起的责任承运人可不负责任

B. 承运人应对倒签提单引起的损失承担赔偿责任

C. 依单证相符的原则，承运人在本案中必须倒签提单

D. 处理本案的正确方法是应由开证申请人申请修改信用证的装船期间

7. 有一批货物，已投保平安险，分两只船装运，一起运往目的港。由于航运过程中遇暴风雨的袭击，甲轮因船身颠簸，致使船上货物相互碰撞发生部分损失，而乙轮则不慎与另一货轮发生碰撞，为了船货的安全，船长被迫抛弃大部分船上货物，从而发生部分损失。保险公司应如何予以赔偿？（　　）

A. 保险公司应对甲轮的货物损失予以赔偿

B. 保险公司不应对甲轮的货物损失予以赔偿

C. 保险公司应对乙轮的货物损失予以赔偿

D. 保险公司不应对乙轮的货物损失予以赔偿

8. 我国某工厂从国外进口一批生产设备，为以防出现意外事故造成该生产设备的损失，我方投保时投了一切险。按照我方与海运公司的约定，该生产设备应存放于船舱里。但在收取货物时，我方却发现有部分设备被放置于甲板上，并且由于风吹雨淋，设备已出现生锈的现象，不能投入正常的使用，给我方造成重大损失。为此，我方诉至法院。本案应如何处理？（　　）

A. 我方工厂可向保险公司进行索赔

B. 我方工厂可向海运公司进行索赔

C. 保险公司在赔偿我方工厂损失后，可向海运公司进行追偿

D. 海运公司在赔偿我方工厂损失后，可再向保险公司索赔

9. 一艘货轮从天津港驶往日本横滨，在航行途中受雷击起火，大火蔓延至机舱，船长为了船、货的共同安全，命令采取紧急措施，往舱中灌水灭火。火被扑灭后，由于主机受损无法继续航行，船长被迫雇拖轮将货轮拖至一避难港进行修理，修好后重新将货物运至目的港。在此次事件造成的如下几项损失中，属于共同海损的是（　　）。

A. 500 箱货物被烧毁　　B. 500 箱货物受水损

C. 雇用拖轮费用　　D. 额外增加的燃料以及船长和船员的工资

10. 依据我国《海商法》相关规定，下列哪些诉讼应适用受理案件的法院所在地法律？（　　）

A. 我国法院受理的关于海事赔偿责任限制的诉讼

B. 我国法院受理的关于船舶优先权的诉讼

C. 同一国籍的船舶在公海上发生碰撞而在我国法院进行的诉讼

D. 不同国籍的外国船舶在公海上发生的碰撞而在我国法院进行的诉讼

11. 下列哪一损失不属于中国人民保险公司海洋运输货物保险中平安险承保的责任范围？（　　）

A. 被保险货物在运输途中由于自然灾害造成的货物的全部损失

B. 被保险货物在运输途中由于意外事故造成的货物的全部损失

C. 被保险货物在运输途中由于意外事故造成的货物的部分损失

D. 被保险货物在运输途中由于自然灾害造成的货物的部分损失

12. 甲公司是一家英国公司，乙公司是一家设在上海的中外合资经营企业。二者签订了一份国际货物买卖合同，合同中约定乙公司是信用证付款。乙公司付款后，凭提单却没有提到货物。经查是因甲提交给银行的提单中，在收货人一栏的填写上出了不符合提单填写要求的问题。收货人一栏的填写错误可能是下列哪些情况？（　　）

A. 甲公司名称　　B. 乙公司名称　　C. 凭甲公司指示　　D. 凭乙公司指示

13. 在国际海上货物运输中，如承运人签发的是指示提单，下列关于该提单的表述中哪些是正确的？（　　）

A. 提单正面载明了收货人的名称

B. 提单在转让时不需要背书，只要将提单交给受让人即可

C. 提单的转让必须经过背书

D. 提单中的收货人一栏没有具体的收货人名称，而是载明“凭指示”的字样

14. 我国某公司以 CIF 条件与国外客户订立出口合同。根据 2010 年《国际贸易术语解释通则》的解释，对海上运输货物我国某公司应投保（　　）。

A. 平安险　　B. 水渍险　　C. 一切险　　D. 一切险加战争险

15. 深圳甲公司从日本购进线钢4500公吨，价格条件为CIF广州。由于短途运输和船速较快，该批货物先于提单到达了目的港。深圳甲公司凭副本提单加自己签署的保函提取了货物，之后该公司未去银行付款赎单。银行于是向承运人提出了索赔要求。下列关于本案的主张有哪些是正确的？（　　）

A. 承运人可以凭副本提单加保函向深圳公司交货

B. 承运人应当赔偿银行的损失

C. 承运人应凭正本提单向收货人交货

D. 承运人与银行没有关系，不应承担任何责任

16. 有一艘载货船从天津港驶往新加坡，在航行途中船舶货舱起火，大火蔓延到机舱。船长为了船货的共同安全，命令采取紧急措施，往舱中灌水灭火。火虽然被扑灭，但由于主机受损，无法继续航行。于是船长决定雇用拖轮将货船拖到天津港修理，检修后重新将货物运往新加坡。事后调查，这次事故造成的损失如下：

A. 1000箱货物被火烧毁；

B. 600箱货由于灌水受到损失；

C. 主机和部分甲板被火烧坏；

D. 雇用拖船的费用若干；

E. 因为船舶维修，延误船期，额外增加了船员工资以及船舶的燃料。

问：

（1）按上述各项损失的性质区分，哪些属于单独海损？（　　）

A. A项和C项属单独海损

B. A项和B项属单独海损

C. A项和D项属单独海损

D. A项和E项属单独海损

（2）按上述各项损失的性质区分，哪些属于共同海损？（　　）

A. B项、D项和E项属于共同海损

B. C项、D项和E项属于共同海损

C. B项、C项和E项属于共同海损

D. B项、C项和D项属于共同海损

17. 按中国人民保险公司《海洋货物运输保险条款》的规定，在三种基本险别中，保险公司承担赔偿责任的程度是（　　）。

A. 平安险最大，其次是一切险，再次是水渍险

B. 水渍险最大，其次是一切险，再次是平安险

C. 一切险最大，其次是水渍险，再次是平安险

D. 一切险最大，其次是平安险，再次是水渍险

18. 甲国A公司向乙国B公司出口一批货物，双方约定适用2010年《国际贸易术语解释通则》中的CIF术语。该批货物由丙国C公司“乐安”号商船承运，运输途中船舶搁浅，为起浮抛弃了部分货物。船舶起浮后继续航行中又因恶劣天气，部分货物被海浪打入海中。到达目的港后发现还有部分货物因固有缺陷而损失。

（1）关于CIF贸易术语的适用，下列选项正确的是（　　）。

A. 货物的风险在装运港完成交货时由A公司转移给B公司

B. 货物的风险在装运港越过船舷时由A公司转移给B公司

C. 应由A公司负责海运运输

D. 应由 A 公司购买货物海运保险

（2）该批货物投保了平安险，关于运输中的相关损失的认定及赔偿，依据《海牙规则》，下列选项正确的是（　　）。

A. 为起浮抛弃货物造成的损失属于共同海损

B. 因恶劣天气部分货物被打入海中的损失属于单独海损

C. 保险人应赔偿共同海损和因恶劣天气造成的单独海损

D. 承运人对因固有缺陷损失的货物免责，保险人应承担赔偿责任

19. A 公司和 B 公司于 2024 年 5 月 20 日签订合同，由 A 公司将一批平板电脑售卖给 B 公司。A 公司和 B 公司营业地分别位于甲国和乙国，两国均为《联合国国际货物销售合同公约》缔约国。合同项下的货物由丙国 C 公司的“潇湘”号商船承运，装运港是甲国某港口，目的港是乙国某港口。在运输途中，B 公司与中国 D 公司就货物转卖达成协议。在贸易术语适用上，A、B 公司在双方的买卖合同中仅约定适用 FOB 术语。对此，下列选项正确的是（　　）。

A. 该合同应当适用 2010 年《国际贸易术语解释通则》

B. 货物的风险应自货交 C 公司时由 A 公司转移给 B 公司

C. B 公司必须自付费用订立从指定装运港运输货物的合同

D. 因当事人选择了贸易术语，故不再适用《联合国国际货物销售合同公约》

20. 甲公司从国外进口一批货物，根据《联合国国际货物销售合同公约》，关于货物检验和交货不符合合同约定的问题，下列说法正确的是（　　）。

A. 甲公司有权依自己习惯的时间安排货物的检验

B. 如甲公司须再发运货物，没有合理机会在货到后加以检验，而卖方在订立合同时已知道再发运的安排，则检验可推迟到货物到达新目的地后进行

C. 甲公司在任何时间发现货物不符合合同约定均可要求卖方赔偿

D. 货物不符合合同约定情形在风险转移时已经存在，在风险转移后才显现的，卖方应当承担责任

名词解释

1. 保函

2. 航次租船合同

3. 《国际货约》

4. 国际货物多式联运

5. 共同海损

6. 委付

7. 平安险（Free From Particular Average）

简答题

1. 请列明关于国际铁路货物运输的两个国际公约的名称，并注明中国加入了哪个公约。

2. 简述提单的法律特征。

3. 简述倒签提单和预借提单的责任属性。

4. 简述航次租船合同与国际货物买卖合同的关系。

5. 简述国际海上货物运输保险合同的转让。

6. 简述《海牙规则》中有关承运人的适航责任。

论述题

论各类海运保函的效力。

案例分析题

1. 2024 年 4 月，中国甲公司与巴基斯坦某公司签订了向中国出口 12000 吨（240000 包）白糖的合同，价格条件为 CFR，单价为 437 美元。由中方向中国人民保险公司北海分公司投保了水渍险。该批货物由巴拿马籍某轮承运。在巴基斯坦某港装货的过程中，船长先后向托运人发出书面声明和抗议，指出货物堆放于码头无任何遮盖物并发生了雨水的污染，宣布货物为不清洁。而托运人为了结汇则出具了保函，以要求承运人签发清洁提单。船长在接受了保函的情况下签发了清洁提单。货轮于 5 月 23 日抵达北海港，经外轮理货公司理货，发现了 578 包有雨水污染，并确认货物短少 608 包。对于本案，请回答下列问题：

（1）收货人是否应向承运人索赔，因为其签发了清洁提单？

（2）承运人是否可以依保函要求收货人向托运人索赔？

（3）收货人是否应向保险人索赔，因为该批货物已投保了水渍险？

2. 2023 年 10 月 6 日，中国甲公司与加拿大乙公司以 FOB 大连价格条件订立了从中国向加拿大温哥华出口一批华人春节用品的合同。由加拿大乙公司投保了水渍险。乙公司通过银行开出的信用证规定的装船日期是 2023 年 12 月 15 日至 31 日。乙公司所订中国籍货轮“大洋”号在来大连的途中与他船相碰，经修理于 2024 年 1 月 21 日才完成装船。甲公司在出具保函的情况下换取了承运人签发的注明 2024 年 12 月 30 日装船的提单。船舶延迟到达目的港温哥华，造成收货人加拿大丙公司一系列签订的供货合同均迟延履行，并导致了该加拿大丙公司向乙公司索赔。乙公司在赔偿丙公司后，向承运人提出了索赔。请回答下列问题：

（1）乙公司是否可向承运人提出索赔？

（2）本案承运人签发的是什么提单？

（3）乙公司是否应向保险公司提出迟延交付的索赔？

3. 2024 年 1 月 15 日，某银行应申请人甲公司的申请，开立两份不可撤销信用证。同年 4 月某银行收到正本议付单据。经审核后，某银行对外承兑付款，合法持有单证。提单为船务公司签发，记载收货人均为“凭某银行指示”、起运港韩国釜山、目的港中国厦门、承运轮华讯。2024 年 4 月 11 日船抵达目的港厦门后，乙公司向船务公司传真一份保函，请求无正本提单提取货物。4 月 16 日，收货人丙公司向厦门外代出具无提单提货担保函。4 月 17 日，船务公司指示厦门外代凭副本提单加保函放货给收货人丙公司。丙公司后因财务困难没有去银行付款赎单。请回答下列问题：

（1）船务公司指示厦门外代凭副本提单加保函放货给收货人丙公司的行为侵犯了谁的利益？

（2）某银行应以谁为被告起诉？

4. “希玛”轮 2023 年 5 月 2 日在上海承运了 102 箱西药运往天津新港，该批货物投保了一切险。5 月 5 日该轮抵达目的港天津，由于收货人中国某医药公司（以下简称医药公司）不能出示正本提单，“希玛”轮船东（以下简称船公司）没有向其交付货物。5 月 10 日，医药公司向船公司出具了一份银行的提货担保书，船公司接受提货担保书后，向医药公司签发了提货单。医药公司则委托进出口公司报关。由于进出口公司在报关时伪报货物名称，该批货物被海关没收。于是收货人医药公司没有付款赎单，提单被退回了上海托运人。2024 年 4 月，上海托运人持正本提单在上海某人民法院以错误交货为由，对船公司提起诉讼，要求赔偿货价损失。上海某人民法院判决支持了托运人的诉讼请求。船公司在 1 个月后向海事法院提起诉讼，被告为医药公司及银行。

船公司要求判令被告赔偿其因在上海败诉而支付的货款、律师费及其利息的损失。

(1) 本案船公司与银行是什么关系？

(2) 本案医药公司是否应承担船公司在上海败诉所受到的损失？

(3) 本案银行是否有责任？为什么？

(4) 如本案未发生报关的问题，收货人付款赎单并收到了货物，但货物中有 12 箱因放置离机舱太近而受热变质，收货人向谁索赔？理由是什么？

(5) 如船公司拖欠船员的工资，在进入天津港时又拖欠港务费，该船舶所有人在向银行贷款时办理了将该轮抵押的手续并进行了登记。依据我国《海商法》的有关规定，上述各债权项目的受偿顺序如何？

5. 两家贸易公司签订茶叶买卖合同，由中国公司按 CIF 纽约向某国公司交货，以信用证方式付款。运输途中因意外事故部分货物被海水浸泡，某国公司以货物不合格为由拒绝接收货物，并指示信用证开证银行拒绝付款。

(1) 某国公司能否以部分茶叶遭海水浸泡、货物不合格为由拒绝接收货物？为什么？

(2) 信用证开证行可否以茶叶被浸泡为由拒绝付款？为什么？

第六章　国际技术贸易法

基础知识图解

- 概述
  - 含义
  - 分类
  - 特征
- 国际许可协议
  - 概念、特征
  - 种类
    - 独占许可协议
    - 排他许可协议
    - 普通许可协议
  - 基本内容
  - 限制性商业条款的含义及其管制
- 知识产权的国际保护
  - 《建立世界知识产权组织公约》（我国参加的第一个知识产权公约）
  - 《保护工业产权巴黎公约》①
    - 国民待遇原则
    - 优先权原则
    - 临时性保护
  - 《专利合作条约》
  - 《商标国际注册马德里协定》
  - 《保护文学和艺术作品伯尔尼公约》②（保护主体、国民待遇原则）
  - 《世界版权公约》
  - 《与贸易有关的知识产权协议》（TRIPs 协议）

配套测试

单项选择题

1.《与贸易有关的知识产权协议》规定，版权的保护应延及（　　）。

A. 创意　　B. 操作方法　　C. 表达方式　　D. 思想

2.《与贸易有关的知识产权协议》要求成员方应按什么条约的有关规定对集成电路布图设计提供保护？（　　）

A.《保护表演者、唱片制作者和广播组织罗马公约》③

B.《巴黎公约》

C.《集成电路知识产权条约》

D.《伯尔尼公约》

---

① 以下简称《巴黎公约》。

② 以下简称《伯尔尼公约》。

③ 以下简称《罗马公约》。

3. 知识产权领域第一个世界性多边公约是（　　）。

A.《伯尔尼公约》

B.《巴黎公约》

C.《商标国际注册马德里协定》

D.《建立世界知识产权组织公约》

4. 根据《巴黎公约》规定，工业品外观设计和商标的优先权申请期限是（　　）。

A. 6个月　　B. 12个月　　C. 20个月　　D. 25个月

5. 某公约规定：在一成员国被认定的驰名商标，无须在另一成员国境内申请或注册，即可在该国自动获得保护。这一公约是（　　）。

A.《商标注册条约》　　B.《建立世界知识产权组织公约》

C.《巴黎公约》　　D.《商标国际注册马德里协定》

6. 根据《伯尔尼公约》规定，所谓“同时发表”，是指一个作品在首次发表后多长时间内在两个或两个以上国家内出版？（　　）

A. 3个月　　B. 6个月　　C. 10天　　D. 30天

7.《伯尔尼公约》要求成员国为摄影作品和作为艺术作品保护的实用美术作品提供的保护期不应少于自该作品创作完成之后算起的（　　）。

A. 10年　　B. 20年　　C. 25年　　D. 50年

8. 第一个为著作邻接权提供保护的国际公约是（　　）。

A.《罗马公约》　　B.《录音制品公约》　　C.《伯尔尼公约》　　D.《世界版权公约》

9. 根据《罗马公约》规定，唱片制作者享有的权利包括（　　）。

A. 许可或禁止进口未经其许可的复制品

B. 许可或禁止购买未经其许可的复制品

C. 许可或禁止直接或间接复制其唱片制品

D. 许可或禁止销售未经其许可的复制品

10. 下列哪些属于专有技术许可证协议的特色条款？（　　）

A. 技术改进和发展条款　　B. 商品质量保证条款

C. 保密条款　　D. 许可使用性质条款

11. 根据《与贸易有关的知识产权协定》规定，关于商标所有人转让商标，下列哪一选项是正确的？（　　）

A. 必须将该商标与所属业务同时转让　　B. 可以将该商标与所属业务同时转让

C. 不能将该商标与所属业务同时转让　　D. 可以通过强制许可形式转让

12. 在国际许可合同中，如果规定在合同约定的范围和期限内，受让方对受让的技术拥有使用权，许可人不能将该项技术另行转让给第三方，但许可方自己仍保留在该时间和地域范围内的使用权。这种许可合同属于（　　）。

A. 交叉许可合同　　B. 普通许可合同　　C. 独占许可合同　　D. 排他许可合同

13. 下列许可证协议中，受让方所获使用权范围最大的是（　　）。

A. 独占许可证协议　　B. 排他许可证协议

C. 普通许可证协议　　D. 交叉许可证协议

14. 在签订国际许可合同时，一次性算清各项技术项目所应支付的全部费用，由双方当事人确定一个固定的金额，并在合同中加以明确约定，这称为下列哪项？（　　）

A. 统包价格　　B. 提成价格

C. 入门费加提成的价格　　D. 一次总付价格

15. 下列哪些是专利许可证协议的特有条款？（　　）

A. 保密条款　　B. 维持权利有效性条款

C. 质量监督和保证条款　　D. 详细的技术保证条款

16. 根据《巴黎公约》的国民待遇原则，若该公约某成员国国民的发明在其本国获得了专利保护，关于该发明在其他成员国的待遇，下列哪一选项是正确的？（　　）

A. 该发明在其他成员国也获得专利保护

B. 该发明在其他成员国也获得版权保护

C. 该发明应按其他成员国的法律规定来确定是否获得专利保护

D. 其他成员国对该发明应给予发明者本国所给予的相同水平的保护

17. 甲国人迈克在甲国出版著作《希望之路》后 25 天内，又在乙国出版了该作品，乙国是《伯尔尼公约》缔约国，甲国不是。依该公约，下列哪一选项是正确的？（　　）

A. 因《希望之路》首先在非缔约国出版，不能在缔约国享受国民待遇

B. 迈克在甲国出版《希望之路》后 25 天内在乙国出版，仍然具有缔约国的作品国籍

C. 乙国依国民待遇为该作品提供的保护需要迈克履行相应的手续

D. 乙国对该作品的保护有赖于其在甲国是否受保护

18. 甲国和中国均为《巴黎公约》缔约国，甲国某公司发明一种环保涂料，于 2023 年 12 月 1 日在甲国提出了专利申请，并自 2024 年年初开始在中国销售。中国某公司发明了同样的环保涂料，于 2024 年 12 月 10 日向中国有关机关提出了专利申请。下列哪一选项是正确的？（　　）

A. 中国某公司无权就该种涂料在中国申请专利

B. 若中国某公司获得专利授权，甲国某公司继续在中国销售该种涂料，应经中国某公司授权

C. 中国某公司若在中国销售该种涂料，应经甲国某公司授权

D. 因甲国某公司申请在先，中国某公司专利权应该被宣告无效

不定项选择题

1. 《与贸易有关的知识产权协议》的基本原则包括（　　）。

A. 关税减让原则

B. 高水平保护的原则

C. 最惠国待遇原则

D. 国民待遇原则

2. 根据《与贸易有关的知识产权协议》规定，成员方可以不授予专利的有（　　）。

A. 医疗和农用化学产品

B. 对人或动物的诊断、治疗和外科手术方法

C. 除微生物外的任何植物和动物

D. 任何植物、动物的非生物培育方法

3. 根据《与贸易有关的知识产权协议》关于集成电路布图设计的规定，成员方有权认为下列哪些未经权利人授权的行为是非法的？（　　）

A. 进口、销售或为商业目的出售含有受保护的布图设计的集成电路

B. 进口、销售或为商业目的出售含有受保护集成电路的产品

C. 进口、销售或为商业目的出售受保护的工业品外观设计

D. 进口、销售或为商业目的出售受保护的布图设计

4. 下列有关《与贸易有关的知识产权协议》中有关商标的说法中正确的有（　　）。

A. 各成员可以根据使用进行注册，但实际使用并非注册申请的条件

B. 商品或服务的性质不应成为申请商标注册的障碍

C. 商标首次注册和每次续展注册的期限不得少于 10 年

D. 各成员不能将标志是否能被视觉显而易见作为商标注册的条件

5. 下列各项中属于《关税与贸易总协定》乌拉圭回合新议题的是（　　）。

A. 与贸易有关的知识产权问题

B. 货物贸易问题

C. 服务贸易问题

D. 与贸易有关的投资措施

6. 依独占许可合同，在合同规定的期限和地域内，对该项合同技术，除受让方使用外（　　）。

A. 供方和任何第三方也可使用

B. 供方可以使用，但任何第三方不得使用

C. 供方不得使用，但任何第三方可以使用

D. 供方和任何第三方均不得使用

7. 某国人甲于 2023 年 7 月 1 日向中国国家知识产权局专利局提出实用新型专利申请，2024 年 3 月 20 日获得实用新型专利权。甲对该项技术拥有独占权的期限终止于（　　）。

A. 2029 年 3 月 19 日　　B. 2033 年 6 月 30 日

C. 2044 年 3 月 19 日　　D. 2043 年 6 月 30 日

8. 根据我国《商标法》的规定，注册商标有效期的起算之日是（　　）。

A. 申请之日　　B. 首次使用之日　　C. 核准注册之日　　D. 公告之日

9.《与贸易有关的知识产权协议》规定在知识产权保护上，成员国应给予他国家怎样的待遇？（　　）

A. 优惠待遇　　B. 最惠国待遇　　C. 国民待遇　　D. 平等待遇

10. 下列公约中有哪些是我国已加入的？（　　）

A.《罗马公约》

B.《巴黎公约》

C.《保护唱片制作者禁止未经许可复制其录音制品公约》

D.《世界版权公约》

11.《巴黎公约》的基本原则包括（　　）。

A. 国民待遇原则　　B. 独立性原则

C. 优先权原则　　D. 自动保护原则

12. 根据《巴黎公约》规定，各成员国应当对下列哪些证书的申请给予优先权？（　　）

A. 发明人　　B. 实用新型或外观设计

C. 专利权　　D. 商标

13. 根据《巴黎公约》所确立的临时保护制度，各成员国必须根据本国法律，对于在任何成员国内举办的官方或经官方承认的国际展览会上展出的产品中包含的哪些工业产权提供临时保护？（　　）

A. 可以申请注册的商标

B. 可以获得登记的厂商名称

C. 可以申请专利的发明、实用新型或外观设计

D. 可以获得保护的产地标记

14. 根据《巴黎公约》规定，下列关于强制许可原则的说法中正确的有（　　）。

A. 管理机关颁发强制许可证后，专利权人则不能再向别人发许可证
B. 强制许可证不可转让
C. 专利权人在其专利被批准后 3 年内（或申请专利 4 年内——以最迟届满的期限为准）未实施专利，授予其专利的成员国有权对其专利实施强制许可
D. 强制许可证的被许可人无须向专利权人支付使用费

15. 下列各公约中，只对《巴黎公约》成员国开放的是（　　）。
A.《专利合作条约》　B.《商标国际注册马德里协定》
C.《商标注册条约》　D.《世界版权公约》

16.《伯尔尼公约》赋予作者的人身权利包括（　　）。
A. 保护作品完整权　B. 收回权　C. 发表权　D. 署名权

17. 下列有关《伯尔尼公约》的说法中正确的有（　　）。
A. 只保护作者的经济权利
B. 受保护的权利包括经济权利和精神权利
C. 适用自动保护原则
D. 适用有条件的自动保护原则

18.《伯尔尼公约》的基本原则包括（　　）。
A. 版权独立性原则　B. 优先权原则
C. 最惠国待遇原则　D. 国民待遇原则

19. A 国乙公司与 B 国甲公司（营业地在 B 国）订立货物买卖合同，乙公司交付货物以后，甲公司将该货物转售到 C 国。一些主体向甲公司就 A 国乙公司交付的货物提出的知识产权损害赔偿请求，乙公司应当承担责任的是（　　）。
A. B 国的甲公司依据 A 国法律提出的要求
B. A 国的乙公司依据 B 国法律提出的要求
C. B 国的甲公司依据 C 国法律提出的要求
D. C 国的丙公司依据 B 国法律提出的要求

20. 关于《伯尔尼公约》的保护客体，下列说法中正确的有（　　）。
A. 各成员国可以通过国内立法规定：所有作品或任何特定种类的作品如果未以某种物质形式固定下来则不受保护
B. 各成员国必须保护口述作品
C. 公约所说的“文学和艺术作品”指文学、艺术领域的一切智力创作的成果
D. 公约的保护不适用于日常新闻或纯属报刊消息性质的社会新闻

21.《世界版权公约》赋予作者的经济权利包括（　　）。
A. 广播权　B. 公演权　C. 翻译权　D. 复制权

22.《罗马公约》的保护对象包括（　　）。
A. 录像制品制作者　B. 表演者　C. 录音制品制作者　D. 广播组织

23. 根据《罗马公约》规定，表演者享受国民待遇的标准包括（　　）。
A. 国籍标准　B. 表演地标准　C. 录制标准　D. 广播标准

24. 国际技术转让的方式包括（　　）。
A. 国际技术咨询服务　B. 国际工程承包　C. 国际许可证贸易　D. 国际补偿贸易

25. 下列可以成为国际许可合同标的的选项有（　　）。
A. 专利技术使用权　B. 商标使用权
C. 成套设备使用权　D. 专有技术使用权

26. 关于版权保护，下列哪一选项体现了《与贸易有关的知识产权协议》对《伯尔尼公约》的补充？（ ）

A. 明确了摄影作品的最低保护期限

B. 将计算机程序和有独创性的数据汇编列为版权保护的对象

C. 增加了对作者精神权利方面的保护

D. 无例外地实行国民待遇原则

27. 下列关于国际许可证协议的说法中错误的有（ ）。

A. 排他许可证协议是指被许可方在协议有效期间对所购进的技术或商标在协议约定区域内有使用权，许可方和任何第三方都不得在该区域内使用该项技术

B. 可转让许可证协议是指在协议有效期内许可方可以将被许可方购进的该项技术转让给第三方，而原许可证协议对第三方仍然有效

C. 普通许可证协议是指在协议有效期内被许可方不仅自己对所购进的技术在协议约定区域内有使用权，而且可以在该区域内将该项技术转让给任何第三方

D. 独占许可证协议是指被许可方在协议有效期间对所购进的技术或商标在协议约定区域内有使用权，除许可方外的任何第三方都不得在该协议约定区域内使用或转让该项技术

28. 关于《世界版权公约》，下列表述正确的有哪几项？（ ）

A. 适用版权自动保护原则
B. 适用版权非自动保护原则
C. 只保护作者的经济权利
D. 保护作者的精神权利和经济权利

29. 下列哪些属于实体性的知识产权国际公约？（ ）

A. 《巴黎公约》
B. 《专利合作条约》
C. 《商标国际注册马德里协定》
D. 《世界版权公约》

30. 在国际许可贸易中，国际许可协议包括哪些种类？（ ）

A. 专利许可
B. 专有技术许可
C. 商标许可
D. 土地使用权许可

31. 李某为惯常居所地在甲国的公民，满某为惯常居所地在乙国的公民。甲国不是《伯尔尼公约》缔约国，乙国和中国是该公约的缔约国。关于作品在中国的国民待遇，下列哪些选项是正确的？（ ）

A. 李某的文章在乙国首次发表，其作品在中国享有国民待遇

B. 李某的文章无论发表与否，其作品在中国享有国民待遇

C. 满某的文章无论在任何国家首次发表，其作品在中国享有国民待遇

D. 满某的文章无论发表与否，其作品在中国享有国民待遇

32. 甲国人柯里在甲国出版的小说流传到乙国后出现了利用其作品的情形，柯里认为侵犯了其版权，并诉诸乙国法院。尽管甲、乙两国均为《伯尔尼公约》的缔约国，但依甲国法，此种利用作品不构成侵权，另外，甲国法要求作品履行一定的手续才能获得保护。根据相关规则，下列哪一选项是正确的？（ ）

A. 柯里须履行甲国法要求的手续才能在乙国得到版权保护

B. 乙国法院可不受理该案，因作品来源国的法律不认为该行为是侵权

C. 如该小说在甲国因宗教原因被封杀，乙国仍可予以保护

D. 依国民待遇原则，乙国只能给予该作品与甲国相同水平的版权保护

33. 香槟是法国地名，中国某企业为了推广其葡萄酒产品，拟为该产品注册“香槟”商标。依《与贸易有关的知识产权协议》，下列哪些选项是正确的？（ ）

A. 只要该企业有关“香槟”的商标注册申请在先，商标局就可以为其注册

B. 如该注册足以使公众对该产品的来源误认，则应拒绝注册

C. 如该企业是在利用香槟这一地理标志进行暗示，则应拒绝注册

D. 如允许来自法国香槟的酒产品注册“香槟”的商标，而不允许中国企业注册该商标，则违反了国民待遇原则

34. 中国甲公司与德国乙公司签订了一项新技术许可协议，规定在约定期间内，甲公司在亚太区独占使用乙公司的该项新技术。依相关规则，下列哪一选项是正确的？（ ）

A. 在约定期间内，乙公司在亚太区不能再使用该项新技术

B. 乙公司在全球均不能再使用该项新技术

C. 乙公司不能再将该项新技术允许另一家公司在德国使用

D. 乙公司在德国也不能再使用该项新技术

35. 中国和德国都是《巴黎公约》的缔约国。德国甲公司为了扩大所发明技术的销售市场参加了位于中国境内的技术展销会，中国乙公司在展会上和德国甲公司达成购买该项技术的协议。协议许可在中国境内只有乙公司有权使用该项技术，但乙公司每年生产的产品不能超过100万件。根据《巴黎公约》和我国法律的规定，下列说法哪些是正确的？（ ）

A. 如甲公司欲为该产品申请专利，则该专利申请的优先权日为该技术公开展出之日

B. 甲公司和乙公司达成的许可协议在中国境内属于独占许可

C. 甲公司和乙公司达成的关于产品数量限制的协议违反我国法律的规定

D. 只要甲公司在德国成功获批专利，则所有《巴黎公约》的成员国都有义务对该专利进行保护

36. 甲国A公司研发的尾气净化器在甲国获得了发明专利权。B公司在乙国仿制A公司的尾气净化器，C公司生产装载了B公司尾气净化器的客车并在乙国销售。D公司购买了C公司生产的客车用于甲、乙两国之间的旅客运输，E公司将C公司生产的客车进口到甲国，但尚未销售。甲、乙两国都是《巴黎公约》和WTO的成员方，若上述行为均未经A公司许可，哪些行为侵犯了A公司的专利权？（ ）

A. B公司的行为　　B. C公司的行为　　C. D公司的行为　　D. E公司的行为

名词解释

1. 技术
2. 著作权的邻接权
3. 专有技术
4. 跨越国境
5. 提成价格
6. 限制性商业条款
7. 优先权原则

简答题

1. 简要说明地理标志与原产地标记的区别。
2. 与《巴黎公约》相比，TRIPs在哪些方面扩大了对驰名商标的特殊保护？
3. 简述按授权范围划分的许可协议的种类。
4. 国际许可证协议特征有哪些？
5. 简述国际许可合同的概念及其分类。

论述题

1. 试述《巴黎公约》关于优先权原则的规定。
2. 试述发达国家和发展中国家关于限制性商业条款的分歧。
3. 论国际技术贸易和国际货物贸易的区别。

第七章　国际服务贸易法

基础知识图解

- 国际服务贸易的概念、特征
- 《服务贸易总协定》（GATS）
  - 适用范围
    - 跨境服务
    - 过境消费
    - 商业存在
    - 自然人存在
  - 宗旨
  - 最惠国待遇、透明度、公平竞争
  - 一般例外
  - 具体承诺
    - 部门或分部门
    - 市场准入限制
    - 国民待遇限制
    - 额外承诺
  - 争端解决

配套测试

单项选择题

1.《服务贸易总协定》不阻止任何成员方参加由双方或多个参加方为建立劳动力市场完全一体化的协议，但应通知（　　）。

A. 部长级会议　　B. 贸易发展委员会　　C. 秘书处　　D. 服务贸易理事会

2. 根据《服务贸易总协定》对服务贸易范围的界定，哪一种提供服务的方式与投资有关？（　　）

A. 跨境交付　　B. 境外消费　　C. 商业存在　　D. 自然人流动

3.《服务贸易总协定》规定了服务贸易的方式，下列哪一选项不属于协定规定的服务贸易？（　　）

A. 中国某运动员应聘到德国担任体育教练

B. 中国某旅行公司组团到泰国旅游

C. 加拿大某银行在中国设立分支机构

D. 中国政府援助非洲某国一笔资金

多项选择题

1. 下列各项中，属于《服务贸易总协定》中所列举的国际服务贸易的是哪几项？(　　)

A. 德国留学生大卫在北京某小学讲授英语课程

B. 法国超市集团在中国各大城市设立分店

C. 德国某保险公司在中国设立分支机构

D. 中国某旅游公司组团到澳大利亚 14 日游

2. 世界贸易组织的《服务贸易总协定》没有对服务贸易下一定义，而是规定了服务贸易几种方式，下列哪些属于《服务贸易总协定》规定的服务贸易方式？(　　)

A. 从一国境内直接向其他国境内提供服务

B. 在一国境内向其他国的服务消费者提供服务

C. 外国实体在另一国境内设立附属公司或分支机构并提供服务

D. 一国的服务提供商通过自然人到其他国境内提供服务

3. 《服务贸易总协定》中所说的服务贸易是指（　　）。

A. 一成员的服务提供者通过在任何其他成员方境内的商业现场提供的服务

B. 从一成员方境内向任何其他成员方境内提供的服务

C. 一成员方的服务提供者通过在任何其他成员方境内的一成员方自然人的商业现场提供的服务

D. 在一成员方境内向任何其他成员方的服务消费者提供的服务

4. 根据《服务贸易总协定》的规定，成员方对下列哪些类型的机密资料有权不予披露？(　　)

A. 可能因披露而阻碍法律制定

B. 可能因披露而损害企业合法的商业利益

C. 可能因披露而阻碍法律实施

D. 可能因披露而有害于公众利益

5. 《服务贸易总协定》正文的主要内容包括（　　）。

A. 最惠国待遇及例外　　B. 透明度义务及例外

C. 国内法规合理性义务　　D. 市场准入与国民待遇

6. 甲、乙、丙三国均为 WTO 成员方，甲国给予乙国进口丝束的配额，但没有给予丙国配额，而甲国又是国际上为数不多消费丝束产品的国家。为此，丙国诉诸 WTO 争端解决机制。依相关规则，下列哪些选项是正确的？(　　)

A. 丙国生产丝束的企业可以甲国违反最惠国待遇为由起诉甲国

B. 甲、丙两国在成立专家组之前必须经过“充分性”的磋商

C. 除非争端解决机构一致不通过相关争端解决报告，该报告即可通过

D. 如甲国败诉且拒不执行裁决，丙国可向争端解决机构申请授权对甲国采取报复措施

名词解释

1. 国际服务贸易

2. 过境消费

3. 商业存在

4. 国际追加服务

5. 金融服务

简答题

1. 国际服务贸易与国际货物贸易相比有哪些主要特征？

2. 关于成员方的待遇，《关税及贸易总协定》（GATT）与《服务贸易总协定》（GATS）有何不同？

3. 简述《服务贸易总协定》最惠国待遇原则的含义和主要特点。

第八章　政府管理贸易的法律与制度

基础知识图解

- 概述
- 关税制度
  - 种类
  - 保税制度
  - 关税税则
- 许可证制度
  - 种类
    - 自动与非自动许可证
    - 进口与出口许可证
  - 内容
- 配额制度
  - 进口配额
  - 出口配额
- 外汇管理、商品检验制度
- 两反一保制度
  - 《反倾销条例》
  - 《反补贴条例》
  - 《保障措施条例》

配套测试

单项选择题

1. 依我国对限制进口货物管理的规定，下列选项中不正确的是（　　）。

A. 对于限制进口的货物，可以采取关税配额的管理方式

B. 属于关税配额内进口的货物，按照配额内税率缴纳关税

C. 进口经营者凭关税配额证明，向商务部办理关税配额内货物的报关验放手续

D. 属于关税配额外进口的货物，按照配额外税率缴纳关税

2. 中国某化工产品的国内生产商向中国商务部提起对从甲国进口的该类化工产品的反补贴调查申请。依我国相关法律规定，下列哪一选项是正确的？（　　）

A. 商务部认为必要时可以强制出口经营者作出价格承诺

B. 商务部认为有必要出境调查时，必须通过司法协助途径

C. 反补贴税税额不得超过终裁决定确定的补贴金额

D. 甲国该类化工产品的出口商是反补贴税的纳税人

3. 根据《反倾销条例》，反倾销税的纳税人为（　　）。

A. 倾销产品的出口经营者

B. 倾销产品的进口经营者

C. 倾销产品的生产者

D. 倾销产品的消费者

4. 在下列的贸易方式中，不适用我国《对外贸易法》进行管理的贸易方式是（　）。

A. 进出口贸易　　B. 易货贸易　　C. 边境贸易　　D. 服务贸易

5. 将出口货物在国内生产和流通过程中已经缴纳的间接税予以抵扣或退还，或者对其应征间接税予以免除，使出口货物以不含税价格进入国际市场的政府行为称为（　）。

A. 出口退税　　B. 出口补贴　　C. 出口配额　　D. 出口关税

6. 在我国，下列哪一机关享有关税的减免权？（　）

A. 国务院　　B. 地方政府　　C. 海关总署　　D. 国家税务总局

7.《对外贸易法》是我国对外贸易法律体系中的母法，它对我国对外贸易关系的法律调整作了原则性的规定。下列有关该法的表述错误的是（　）。

A.《对外贸易法》不适用于边境贸易和单独关税区中国香港和澳门特别行政区

B. 我国的对外贸易经营主体只能是经国务院对外经济贸易主管部门许可可以从事对外贸易经营权活动的法人和其他组织

C. 没有对外贸易经营权的单位和个人，可以委托有外贸经营权的经营者在其经营范围内代理进口或出口

D. 对于限制进口或出口的货物，实行配额或许可证管理，对于限制进口或出口的技术，实行许可证管理

8. 依《反倾销条例》的规定，产品以低于下列何种价格进口，对我国国内已建立的相关产业造成实质损害或产生实质损害威胁，或者对建立相关产业造成实质阻碍时，我国可以采取反倾销措施？（　）

A. 低于正常价值的价格　　B. 低于公平价值的价格

C. 低于合理价值的价格　　D. 低于成本价值的价格

9. 一国政府在一定时期内对某些进出口商品的进出口数量或金额规定一个最高限额的制度称为下列哪种制度？（　）

A. 进出口许可证制度　　B. 进口押金制度

C. 进出口配额制度　　D. 保障措施

10. 依我国法律的规定，在对货物的进出口管理上，下列选项中不正确的是哪项？（　）

A. 货物分为禁止进出口的货物、限制进出口的货物和自由进出口的货物

B. 对禁止进出口和限制进出口的货物实行目录管理

C. 我国对货物进出口实行分级的管理制度

D. 对实行自由进口许可管理的货物也实行目录管理

11. 甲、乙、丙中国企业代表国内某食品原料产业向商务部提出反倾销调查申请，要求对原产于A国、B国、C国的该原料进行相关调查。经查，商务部终局裁定确定倾销成立，对国内产业造成损害，决定征收反倾销税。根据我国相关法律规定，下列哪一说法是正确的？（　）

A. 反倾销税的纳税人是该原料的出口经营者

B. 在反倾销调查期间，商务部可以建议进口经营者作出价格承诺

C. 终裁决定确定的反倾销税额高于已付或应付临时反倾销税或担保金额的，差额部分不予征收

D. 终裁决定确定的反倾销税额低于已付或应付临时反倾销税或担保金额的，差额部分不予退还

12. 进口到中国的某种化工材料数量激增，其中来自甲国的该种化工材料数量最多，导致中国同

类材料的生产企业遭受实质损害。根据我国相关法律规定，下列哪一选项是正确的？（　　）

A. 中国有关部门启动保障措施调查，应以国内有关生产者申请为条件

B. 中国有关部门可仅对已经进口的甲国材料采取保障措施

C. 如甲国企业同意进行价格承诺，则可避免被中国采取保障措施

D. 如采取保障措施，措施针对的材料范围应当与调查范围相一致

13. 部分中国企业向商务部提出反倾销调查申请，要求对原产于某国的某化工原材料进口产品进行相关调查。经查，商务部终局裁定确定倾销成立，决定征收反倾销税。根据我国相关法律规定，下列哪一说法是正确的？（　　）

A. 构成倾销的前提是进口产品对我国化工原材料产业造成了实质损害，或者产生实质损害威胁

B. 对不同出口经营者应该征收同一标准的反倾销税税额

C. 征收反倾销税，由国务院关税税则委员会做出决定，商务部予以执行

D. 与反倾销调查有关的对外磋商、通知和争端事宜由外交部负责

14. 2024 年 4 月 6 日，张某在广交会上展示了其新发明的产品，4 月 15 日，张某在中国就其产品申请发明专利（后获得批准）。6 月 8 日，张某在向《巴黎公约》成员国甲国申请专利时，得知甲国公民已在 6 月 6 日向甲国就同样产品申请专利。下列哪一说法是正确的？（　　）

A. 如张某提出优先权申请并加以证明，其在甲国的申请日至少可以提前至 2024 年 4 月 15 日

B. 2024 年 4 月 6 日这一时间点对张某在甲国以及《巴黎公约》其他成员国申请专利没有任何影响

C. 张某在中国申请专利已获得批准，甲国也应当批准他的专利申请

D. 甲国不得要求张某必须委派甲国本地代理人代为申请专利

15. 甲、乙、丙三国企业均向中国出口某化工产品，2024 年中国生产同类化工产品的企业认为进口的这一化工产品价格过低，向商务部提出了反倾销调查申请。根据相关规则，下列哪一选项是正确的？（　　）

A. 反倾销税税额不应超过终裁决定确定的倾销幅度

B. 反倾销税的纳税人为倾销进口产品的甲、乙、丙三国企业

C. 商务部可要求甲、乙、丙三国企业作出价格承诺，否则不能进口

D. 倾销进口产品来自两个以上国家，即可就倾销进口产品对国内产业造成的影响进行累积评估

16. 进口中国的某类化工产品 2024 年占中国的市场份额比 2023 年有较大增加，经查，两年进口总量虽持平，但仍给生产同类产品的中国产业造成了严重损害。依我国相关法律，下列哪一选项是正确的？（　　）

A. 受损害的中国国内产业可向商务部申请反倾销调查

B. 受损害的中国国内产业可向商务部提出采取保障措施的书面申请

C. 因为该类化工产品的进口数量并没有绝对增加，故不能采取保障措施

D. 该类化工产品的出口商可通过价格承诺避免保障措施的实施

17. 甲、乙、丙三国生产卷钢的企业以低于正常价值的价格向中国出口其产品，代表中国同类产业的 8 家企业拟向商务部申请反倾销调查。依我国《反倾销条例》，下列哪一选项是正确的？（　　）

A. 如支持申请的国内生产者的产量不足国内同类产品总产量 25% 的，不得启动反倾销调查

B. 如甲、乙、丙三国的出口经营者不接受商务部建议的价格承诺，则会妨碍反倾销案件的调查和确定

C. 反倾销税的履行期限是 5 年，不得延长

D. 终裁决定确定的反倾销税高于已付的临时反倾销税的，差额部分应予补交

18. 甲、乙、丙三国企业均向中国出口钢材，中国钢材产业认为进口钢材价格过低，向商务部提出了反倾销调查申请。根据我国《反倾销条例》，下列哪一选项是正确的？（　　）

A. 若申请人不提供真实信息，商务部应当终止审查

B. 商务部认为有必要出境调查时，必须通过司法协助途径

C. 商务部可以建议但不能强迫出口经营者作出价格承诺

D. 终裁决定确定的反倾销税额低于已付或应付临时反倾销税或担保金额的，差额部分不予退还

19. 中国轧钢产业向商务部申请对从甲国进口的轧钢进行反倾销调查，商务部终局裁定确定倾销成立，对国内轧钢产业造成损害，决定征收反倾销税。根据我国相关法律规定，下列哪一选项是正确的？（　　）

A. 反倾销税的纳税人应该是甲国轧钢出口商

B. 中国某公司认为其已缴纳的反倾销税款超过倾销幅度，可以向商务部申请退税

C. 针对商务部的终局裁定，甲国轧钢出口商必须先申请复审，对复审决定不服才能提起行政诉讼

D. 针对商务部的终局裁定，甲国轧钢出口商只能申请行政复议，无权向人民法院提起行政诉讼

20. 某国甲公司向中国低价出口的一批货物涉嫌倾销，商务部根据中国部分企业的申请对该批货物发起了反倾销调查。经过查明，申请反倾销调查的企业占总产量的 55%。根据我国《反倾销条例》，下列说法正确的是（　　）。

A. 由于申请调查的企业份额超过了 50%，商务部应该发起调查

B. 商务部可以命令某国甲公司作出价格承诺

C. 如果某国甲公司作出了价格承诺，商务部可以不接受，但需说明理由

D. 如果通过调查初步认定存在倾销，则商务部可以决定向某国甲公司征收临时反倾销税

21. 国内锡金属产业向商务部申请对从甲、乙两国进口的锡金属进行反倾销调查。根据我国《反倾销条例》，下列哪一选项是正确的？（　　）

A. 只要来自甲、乙两国的锡金属进口产品的倾销幅度均不小于 2%，商务部即可就倾销进口产品对国内产业造成的影响进行累积评估

B. 若甲、乙两国的出口经营者不接受商务部建议的价格承诺，将承担对其不利的调查后果

C. 终裁决定确定的反倾销税额低于已付或应付临时反倾销税或担保金额的，差额部分应予退还

D. 终裁决定确定的反倾销税额高于已付的临时反倾销税的，差额部分应予补缴

22. 根据我国《反补贴条例》进行调查，采取反补贴措施的补贴，必须具有专向性。下列不属于专向补贴的是哪一项？（　　）

A. 甲国政府以出口实绩为条件给予甲国某公司的业绩奖励

B. 乙国政府出资修建一条通往某机场的高速公路

C. 丙国政府给予首都产业园区内企业的税收优惠

D. 丁国政府向某名单内企业提供的低息贷款

多项选择题

1. 关于普遍优惠制，下列说法中正确的是（　　）。

A. 普遍优惠制是一国给予另一国出口制成品和半制成品的一种普遍的、互惠的关税优惠制度

B. 普遍优惠制的税率一般高于最惠国税率

C. 普遍优惠制是所有发达国家给予发展中国家的一种优惠关税

D. 根据普惠制的基本原则，发达的给惠国在给予发展中国家优惠待遇时，可以要求受惠国给予反向优惠

2. 我国出口配额有偿招标主要采用以下哪几种方式？（　　）

A. 公开招标　　B. 协议招标　　C. 邀请招标　　D. 定向招标

3. 关于我国的外汇管理制度，下列选项中正确的有哪几项？（　　）

A. 我国对经常项目外汇和资本项目外汇实行相同的管理制度

B. 境内机构的经常项目外汇收入，必须调回境内，不得违反国家有关规定擅自存在境外

C. 境内机构的资本项目外汇收入，除国务院另有规定外，应当调回境内

D. 境内机构向境外投资，须经外汇管理机关审查批准

4. 根据我国《对外贸易法》，国家基于下列哪些原因，可以限制国际服务贸易？（　　）

A. 为维护国家安全或者社会公共利益

B. 违反我国承担的国际义务的

C. 为建立或者加快建立国内特定的服务行业

D. 为保障国家外汇收支平衡

5. 依我国有关进出口商品检验法规的规定，下列哪几项属于法定检验的范围？（　　）

A. 出口食品的卫生检验

B. 出口危险货物包装容器的性能鉴定和使用鉴定

C. 对装运出口易腐烂变质食品、冷冻品的船舱、集装箱等运载工具的适载检验

D. 有关国际条约规定必须经商检机构检验的进出口商品的检验

6. 根据《反补贴条例》的规定，下列哪些补贴属于有专向性的补贴？（　　）

A. 由出口国法律明确规定的某些企业获得的补贴

B. 环保组织以改善环保为条件对企业提供的赠款

C. 指定特定区域内的企业、产业获得的补贴

D. 世界银行对贫困地区提供的无息贷款

7. 根据我国《反倾销条例》的规定，如果初裁决定确定倾销成立，并由此对国内产业造成损害的，可以采取下列哪些临时反倾销措施？（　　）

A. 征收临时反倾销税

B. 要求提供现金保证金、保函或者其他形式的担保

C. 暂时禁止进口

D. 征收反倾销税

8. 在进口倾销对国内产业造成实质损害的情况下，反倾销税可以追溯征收。该反倾销税可适用于下列哪些产品？（　　）

A. 采取临时反倾销措施期间进口的产品

B. 发起反倾销调查前 90 天内进口的产品

C. 提起反倾销调查前 90 天进口的产品

D. 实施临时反倾销措施之日前 90 天内进口的产品

9. 根据《反补贴条例》规定，下列哪些选项属于补贴？（　　）

A. 出口国政府出资兴建通向口岸的高速公路

B. 出口国政府给予企业的免税优惠

C. 出口国政府提供的贷款

D. 出口国政府通过向筹资机构付款，转而向企业提供资金

10. 甲、乙两国均为 WTO 成员，甲国纳税居民马克是甲国保险公司的大股东，马克从该保险公司在乙国的分支机构获利 35 万美元。依《服务贸易总协定》及相关税法规则，下列哪些选项是正确的？(　　)

A. 甲国保险公司在乙国设立分支机构，属于商业存在的服务方式

B. 马克对甲国承担无限纳税义务

C. 两国均对马克的 35 万美元获利征税属于重叠征税

D. 35 万美元获利属于甲国人马克的所得，乙国无权对其征税

11. 甲国某公司向中国出口某类商品，因价格过低涉嫌倾销被中国商务部调查，甲国某公司向商务部作出价格承诺，根据我国相关法律规定，下列哪些选项是正确的？(　　)

A. 若甲国某公司违反其价格承诺，则商务部可以立即决定恢复反倾销调查

B. 若商务部拒绝甲国某公司的价格承诺，应当说明理由

C. 甲国某公司在针对商务部的反倾销终局裁定提起的行政诉讼中对主张事实负有举证责任

D. 甲国某公司不得就商务部的价格承诺复审决定提起行政诉讼

12. 中国某产业认为甲国出口到中国的某种商品存在专向补贴，侵害了中国相关产业的利益，向商务部申请反补贴调查。中国和甲国都是 WTO 成员，根据我国《反补贴条例》和 WTO 相关规则，下列哪些说法是正确的？(　　)

A. 甲国政府出资兴建通往某口岸的高速公路构成专向补贴

B. 甲国出口商对商务部征收反补贴税的终局裁定不服的，可以向法院提起诉讼

C. 甲国出口商对商务部征收反补贴税的终局裁定不服的，可以提交 WTO 争端解决

D. 针对甲国的补贴行为，中国可向 WTO 提起针对甲国的争端解决程序

不定项选择题

甲国多家出口企业在乙国被终裁具有倾销行为，并征收了反倾销税，现这些出口企业欲进行相关法律救济，已知甲、乙两国均为 WTO 成员方，以下说法错误的有（　　）。

A. 甲国出口企业可以在乙国提起对乙国政府征税行为的行政诉讼

B. 甲国政府可以直接向乙国政府提起外交保护

C. 甲国政府可以在 WTO 起诉乙国政府违反其承担的 WTO 的相关义务

D. 如果乙国政府在 WTO 被裁决败诉，WTO 有权责令乙国修改其本国的法律或相应的反倾销措施

名词解释

1. 优惠关税

2. 从价税

3. 关税税则

4. 保税制度

5. 自动许可证

6. 关税配额

7. 可申诉的补贴

8. 原产地规则

9. 禁止性补贴

简答题

1. 简述《补贴与反补贴措施协议》规定的不可诉补贴。
2. 简述 WTO 反倾销规则中规定的征收反倾销税的条件。
3. 简述我国现行法律规定的采取反倾销措施的前提条件。

论述题

1. 试论关税措施与非关税措施的区别。
2. 试述我国的“两反一保”法律制度。

第九章　国际投资法律概述

基础知识图解

国际投资概念和类型（直接、间接投资）
国际投资法体系、作用
国有化及补偿
投资争议解决与卡尔沃主义
特许协议

配套测试

单项选择题

国际投资法的调整对象是（　　）。
A. 政府与国际金融机构之间的投资关系
B. 政府间的投资关系
C. 国际金融机构之间的投资关系
D. 跨国私人直接投资关系

名词解释

1. 国际间接投资
2. 特许协议
3. 卡尔沃原则

第十章　国际投资的法律形式

基础知识图解

- 合资经营企业
  - 概念、特征、法律性质
  - 组织形式
- 合作经营企业
  - 概念、特征
  - 法律性质
- 外资企业：概念、特征
- 《外商投资法》
- BOT
  - 概念、特征
  - 当事人
    - 政府
    - 项目公司
    - 其他参与人
  - 合同安排的权利义务

配套测试

单项选择题

1. 国家或者地方政府部门通过特许权协议，授予签约方承担公共性基础设施项目的融资、建造、经营和维护。在协议规定的特许期限内，项目公司拥有投资建造设施的所有权，可以向设施使用者收取适当的费用，由此回收项目的投资、经营和维护成本并获得合理的回报。特许期满后，项目公司将设施无偿地移交给签约方的政府部门。这种投资方式被称为（　　）。

A. BOT 方式　　B. 特许经营　　C. 直接投资　　D. 间接投资

2. 甲、乙两国均为世界贸易组织成员方和《关于解决国家和他国国民之间投资争端公约》缔约国。甲国 A 公司在乙国设立独资企业 B 公司从事汽车制造。由于乙国汽车工业处于起步阶段，遂要求 B 公司产量 80%用于国内销售。一段时间以后，A 公司向解决国际投资争端中心提起仲裁请求，指责乙国政府定价远低于国际市场价格造成企业严重亏损，该中心受理了该案。对此，下列说法错误的是（　　）。

A. 乙国政府的销售限制违反了 GATT 国民待遇原则

B. 乙国政府的销售限制违反了 GATT 一般禁止数量限制原则

C. 根据《关于解决国家和他国国民之间投资争端公约》，甲国承担不向 WTO 争端解决机制起诉乙国的义务

D. 如乙国在该中心仲裁中败诉，它可以向 WTO 上诉机构请求撤销裁决

多项选择题

1. 我国某大型国有公司发出招标邀请，进行某大型项目的承建与经营。经过资格预审、正式投标、评标、开标，最后法国某公司中标，经过多次谈判后，与我方签了协议，在报国家发展和改革委员会并经国务院批准后，双方正式签署了特许权协议，特许期为18年（包括3年建设期）。依照有关法律规定该特许权协议实质是（　　）。

A. 国际私人直接投资的一种方式

B. 国际间接投资的一种方式

C. BOT方式

D. 合作开发方式

2. 下列属于国际直接投资的有（　　）。

A. 在国外设立独资企业

B. 与东道国企业建立合资经营企业

C. 与东道国企业合作开发某种新产品

D. 购买外国公司债券

3. 国际直接投资包括（　　）。

A. 一美国股民购买中国公司在美国上市的股票

B. 英荷消费品集团收购美国食品公司

C. 中国石油天然气公司与美国石油公司签订合资经营加油站的协议

D. 美国公司在中国北京、上海、广州成立办事处，并建立了技术支持中心

4. 甲国某公司要到乙国投资建设一个垃圾处理厂，并与乙国政府签订了垃圾处理合同，后乙国因为环境政策的改变增加了环境保护税。乙国政府遂以该合同履行不再具有经济意义为由拒绝履行该合同。现该公司寻求相关的法律救济措施，以下说法正确的有（　　）。

A. 乙国政府的做法属于政府违约行为

B. 乙国政府的行为属于征收或类似措施行为

C. 如果该公司寻求多边投资担保机构进行理赔，应以用尽乙国当地救济为前提条件

D. 多边投资担保机构进行理赔后，可以直接向乙国政府主张代位求偿

5. 甲国A公司在乙国投资设立B公司，并就该投资项目向多边投资担保机构投保货币汇兑险。A公司的某项产品发明在甲国首次申请专利后，又在乙国提出同一主题的专利申请，同时要求获得优先权保护。甲、乙两国都是《多边投资担保机构公约》和《巴黎公约》的缔约国，下列哪些判断是正确的？（　　）

A. 乙国应为发展中国家

B. 乙国的外汇管制是商业风险，不属于货币汇兑险的承保范围

C. 乙国有权要求A公司委派乙国境内的本地专利代理机构申请专利

D. 即使A公司在甲国的专利申请被驳回，也不影响其在乙国申请的优先权

6. 外国人马克计划在中国投资，根据《外商投资法》规定，关于负面清单，下列说法正确的是（　　）。

A. 外商投资准入负面清单规定禁止投资的领域，马克不得投资

B. 外商投资准入负面清单规定限制投资的领域，马克不得投资

C. 外商投资准入负面清单规定限制投资的领域，马克进行投资应当符合负面清单规定的条件

D. 外商投资准入负面清单以外的领域，按照外资优先的原则实施管理

7. 甲国和中国均为《巴黎公约》的缔约国。2023年3月2日，中国人杨某在中国政府主办的

国际展览会上展示了其新发明的产品。同年 4 月 8 日，杨某又在中国就该产品申请发明专利。现杨某想就同样的产品在甲国申请发明专利。下列哪些选项是正确的？(　　)

A. 若杨某在中国的发明专利申请获得批准，该产品专利权也将在甲国自动获得

B. 若杨某在甲国提出优先权申请并加以证明，其在甲国的专利申请日可提前至 2023 年 4 月 8 日

C. 若杨某在甲国提出临时性保护申请并加以证明，其在甲国的专利申请日可提前至 2023 年 3 月 2 日

D. 杨某在甲国的优先权保护，不以该项发明专利申请的在先获权为前提

名词解释

1. 股份式合营企业

2. 外资企业

3. BOT（建设—经营—转让）

4. 项目公司

第十一章　外国投资的管理与保护制度

基础知识图解

- 外资法的概念和体系
- 我国的外资政策与立法
- 外资进入条件
  - 投资范围与比例
  - 审查与批准
- 对外资的保护与鼓励
  - 资金汇出保证
  - 税收优惠
  - 经济特区的鼓励与优惠

配套测试

多项选择题

根据外商投资企业法律制度规定，下列各项中，属于禁止外商投资项目的有（　　）。

A. 危害军事设施安全和使用效能的

B. 占用大量耕地，不利于保护、开发土地资源的

C. 运用我国特有工艺或者技术生产产品的

D. 不利于节约资源和改善生态环境的

名词解释

1. 外资法

2. 外国投资的审查和批准

3. 税收优惠

4. 经济特区

第十二章　对外投资的管理和保护制度

基础知识图解

- 对外投资鼓励措施
- 对外投资管理措施
- 海外投资保险制度
  - 概念、特征
  - 保险人、投保人
  - 保险范围
    - 征收险
    - 外汇险
    - 战争与内乱险
  - 保险对象
  - 赔偿与救济
- 我国对对外投资的管理与保护

配套测试

单项选择题

1. 海外投资保险制度与一般商业保险制度相比，其承保的险别限于（　　）。

A. 商业风险　　B. 自然灾害　　C. 政治风险　　D. 人身伤害险

2. 下列关于海外投资保险制度与一般保险制度的比较说法正确的是（　　）。

A. 海外投资保险承保的风险除一般保险承保的风险外，还包括政治风险

B. 海外投资保险与一般保险一样，都是以营利为目的

C. 海外投资保险是由国家通过法律提供的一种政府保证，一般保险则是由商业实体提供的对于遭受承保风险而造成损害的保险标的给予补偿的保证

D. 海外投资保险的保险对象是一国的海外投资，而一般保险的保险标的通常是当事人之间买卖的货物

3. 海外私人投资公司是（　　）性质的海外投资保险机构。

A. 属于政府机构　　B. 具有政府职能的公司法人

C. 私人保险公司　　D. 国有公司

不定项选择题

1. 海外投资保证制度是资本输出国对本国的私人海外投资依据国内法所实施的一种对该投资所可能产生的政治风险进行保险的制度。下列关于海外投资保证制度的哪一项表述不正

确？（　　）

A. 海外投资保证只承保政治风险

B. 任何保险公司均可参与海外投资保险业务

C. 海外投资保证机构具有国家特设机构的性质

D. 海外投资保证机构在向投资者支付赔偿后将取得代位求偿权

2. 甲国公司在乙国投资建成地热公司，并向多边投资担保机构投了保。1993 年，乙国因外汇大量外流采取了一系列的措施，使地热公司虽取得了收入汇出批准书，但仍无法进行货币汇兑并汇出，甲公司认为已发生了禁兑风险，并向投资担保机构要求赔偿。根据相关规则，下列选项正确的是（　　）。

A. 乙国中央银行已批准了货币汇兑，不能认为发生了禁兑风险

B. 消极限制货币汇兑也属于货币汇兑险的范畴

C. 乙国应为发展中国家

D. 担保机构一经向甲公司赔付，即代位取得向东道国的索赔权

名词解释

1. 海外投资保险制度

2. 征收行为

3. 禁兑险

4. 投保资本合格

简答题

简述海外投资保险制度的特征。

论述题

论建立中国的海外投资担保制度。

第十三章　促进与保护投资的国际法制

基础知识图解

- 双边投资条约
  - 友好通商航海条约
  - 投资保证协定
  - 促进与保护投资协定
- 区域性自由贸易协定
- 多边投资担保机构
  - 宗旨、法律地位
  - 业务
    - 承保险别
    - 合格投资
    - 合格投资者
    - 代位权
  - 作用
- 《与贸易有关的投资措施协议》（TRIMs）
  - 适用范围
  - 国民待遇原则
  - 取消数量限制原则
  - 例外规定
- 《服务贸易总协定》第三部分对国际投资的规范

配套测试

单项选择题

1. TRIMs 要求其发展中国家成员必须自《建立世界贸易组织协议》生效后多长时间内，取消协议所规定的、与国民待遇普遍取消数量限制原则不相符合的 TRIMs？（　　）

A. 90 天　　B. 2 年　　C. 5 年　　D. 7 年

2. 多边投资担保机构是依据 1988 年生效的《多边投资担保机构公约》设立的国际金融机构。关于该机构，下列哪一选项是正确的？（　　）

A. 该机构只承保货币汇兑险、征收险、战争内乱险和政府违约险

B. 任何投资均可列入该机构的投保范围，但间接投资除外

C. 该机构具有完全法律人格，有权缔结契约，取得并处理不动产和动产

D. 在任何情况下，该机构都不得接受东道国自然人、法人的投保

3. 以下有关《外国直接投资待遇指南》的观点不正确的是（　　）。

A. 是由世界银行主持制定的
B. 是一种指导性文件
C. 对各国当然不具有约束力
D. 对缔约国有当然的约束力，除非对某条款作出了有效保留

4. 多边投资担保机构（MIGA）只担保（　　）。
A. 加入多边投资担保机构以后的投资　　B. 1988 年以后的投资
C. 担保申请注册之后才开始执行的投资　　D. 1985 年以后的投资

5. 下列各险别中，不属于多边投资担保机构担保范围的有（　　）。
A. 征收或战争险　　B. 货币兑换险和转移险
C. 违约险　　D. 其他商业风险

6.《关于解决国家和他国国民之间投资争端公约》的主要目的是成立（　　）。
A. 解决投资争端的国际中心　　B. 欧洲联盟
C. 多边投资担保机构　　D. 世界贸易组织

7. 根据《服务贸易总协定》，属于最惠国待遇义务例外的是（　　）。
A. 空运服务　　B. 金融服务　　C. 电信服务　　D. 政府采购

8. 作为多边投资担保机构合格的投资者的法人，必须在东道国以外任何一会员国（　　）。
A. 注册　　B. 设有主要营业点
C. 注册或设有主要营业点　　D. 注册并设有主要营业点

9. 根据《多边投资担保机构公约》，关于 MIGA 的下列哪一说法是正确的？（　　）
A. MIGA 承保的险别包括征收和类似措施险、战争和内乱险、货币汇兑险和投资方违约险
B. 作为 MIGA 合格投资者（投保人）的法人，只能是具有东道国以外任何一个缔约国国籍的法人
C. 不管是发展中国家的投资者，还是发达国家的投资者，都可向 MIGA 申请投保
D. MIGA 承保的前提条件是投资者母国和东道国之间有双边投资保护协定

10. 为了促进本国汽车产业，甲国出台规定，如生产的汽车使用了 30% 国产零部件，即可享受税收减免的优惠。依世界贸易组织的相关规则，关于该规定，下列哪一选项是正确的？（　　）
A. 违反了国民待遇原则，属于禁止使用的与贸易有关的投资措施
B. 因含有国内销售的要求，是扭曲贸易的措施
C. 有贸易平衡的要求，属于禁止的数量限制措施
D. 有外汇平衡的要求，属于禁止的投资措施

11. 甲国 T 公司与乙国政府签约在乙国建设自来水厂，并向多边投资担保机构投保。依相关规则，下列哪一选项是正确的？（　　）
A. 乙国货币大幅贬值造成 T 公司损失，属货币汇兑险的范畴
B. 工人罢工影响了自来水厂的正常营运，属战争内乱险的范畴
C. 乙国新所得税法致 T 公司所得税增加，属征收和类似措施险的范畴
D. 乙国政府不履行与 T 公司签订的合同，乙国法院又拒绝受理相关诉讼，属政府违约险的范畴

12. 甲国某项投资法律要求外商投资企业必须购买东道国原材料作为生产投入，乙国认为该项措施违反了 WTO 的《与贸易有关的投资措施协议》，诉诸 WTO 争端解决机制。根据 WTO 相关规则，下列哪一选项是正确的？（　　）
A. 甲国投资法的该项规定属于进口用汇限制
B.《与贸易有关的投资措施协议》适用于与货物贸易、服务贸易和知识产权贸易有关的投资

措施

C. 磋商是成立专家组之前的必经程序

D. WTO 争端解决机制涉及的范围限于货物贸易和服务贸易，不包括与贸易有关的投资措施等争端

多项选择题

1.《与贸易有关的投资措施协议》要求各缔约方在不损害 GATT1994 的前提下，不得实施与世界贸易组织哪些基本原则不相符合的任何与贸易有关的投资措施？(　　)

A. 关税减让原则　　B. 最惠国待遇原则

C. 普遍取消数量限制原则　　D. 国民待遇原则

2. 甲、乙两国均为《多边投资担保机构公约》缔约国，甲国公民帕克在乙国投资时向多边投资担保机构进行了投资保险。对此，下列说法正确的是（　　）。

A. 如乙国并未拒绝帕克的汇兑申请，而只是消极拖延则不属于货币汇兑险的范围

B. 乙国应当是发展中国家

C. 如发生在乙国邻国的战争影响了帕克在乙国投资的正常营运，也属于战争内乱险承保的范畴

D. 乙国政府对帕克的违约属于政府违约险承保的范畴

3. 下列属于多边性、全球性、专门性国际投资公约的有（　　）。

A.《关于解决国家和他国国民之间投资争端公约》

B.《国际货币基金协定》

C.《关税与贸易总协定》

D.《多边投资担保机构公约》

4. 多边投资担保机构内设下列哪些机构？(　　)

A. 总裁　　B. 理事会　　C. 董事会　　D. 监事会

5. 根据《多边投资担保机构公约》，下列属于合格投资者的是（　　）。

A. 在东道国以外的成员国注册登记并设有主要事务所的合伙、非法人社团和分支机构

B. 在东道国注册登记，但多数资本为东道国以外的一个或多个成员国的自然人或法人所拥有

C. 东道国以外的其他成员国的国民

D. 在东道国以外的成员国登记并在该国设有主要事务所的法人

6. 下列投资东道国政府所采取的措施或要求，是《TRIMs 协议》所禁止的有（　　）。

A. 贸易平衡要求　　B. 进口用汇要求　　C. 当地含量要求　　D. 国内销售要求

7. 根据双边投资保护协定，受保护的投资者通常包括缔约双方国家的自然人、法人或不具有法人资格的其他经济实体。缔约一方一般对下列（　　）投资者给予条约保护。

A. 具有缔约国国籍或在缔约国境内有住所的自然人

B. 依缔约国法律设立或在该缔约国国内有住所的法人或非法人经济实体

C. 由缔约国公民或法人控制的第三国或对方缔约国的公司

D. 与缔约一方无重要联系，由第三国国民所控制的实体

8. 双边投资协定中涉及的争议类型有（　　）。

A. 外国投资者与东道国境内私人投资者之间的争议

B. 缔约国之间关于条约的解释、履行而产生的争议

C. 东道国政府与外国投资者之间因投资而产生的争议

D. 东道国政府与国际组织之间的争议

9. 根据《服务贸易总协定》，下列属于国际服务贸易的是（ ）。

A. 德国会计师在德国以电子邮件方式为法国客户提供专业服务

B. 法国超市集团在中国设立分店

C. 中国某旅游团欧洲 8 日游

D. 英国某保险公司在中国设立分公司

10. WTO《服务贸易总协定》及附件调整的金融服务范围有（ ）。

A. 保险及与保险有关的服务　　B. 中央银行提供的职能服务

C. 商业银行的各类贷款支付业务　　D. 证券发行服务

11. 甲、乙、丙、丁四国都是 WTO 成员：下列各成员外商投资法律中的哪些规定违反了 WTO《与贸易有关的投资措施协议》？（ ）

A. 甲国外资法规定，外商出资比例不得低于总出资比例的 20%

B. 乙国外资法规定，合资企业所需原材料零部件和设备在乙国境内的购买的比例不得少于 40%

C. 丙国外资法规定，合资企业进口所需的外汇不得超过该企业本身的出口创汇

D. 丁国外资法规定，合资汽车企业生产的汽车至少 20%须在丁国境内销售

名词解释

1. 友好通商航海条约

2. 投资保证协定

3. 汇兑与转移

4. 代位权

5.《多边投资担保机构公约》

6. 货币汇兑险

7. “拒绝司法”

8. 数量限制

简答题

1.《多边投资担保机构公约》对适格性国际投资的规定。

2. 简述双边投资条约的类型。

3. 根据《TRIMs 协议》，与 GATT1994 规定的国民待遇和一般取消数量限制原则不相符的与贸易有关的投资措施。

论述题

试评述 TRIMs 协议的意义和中国相应的外资法改革。

案例分析题

植物公司是一家在中国设立的中外合资经营企业。它由来自美国、日本和中国的三家公司共同投资建立，主要经营各种优良农作物的开发、育种、销售和技术咨询。其中，美方公司以专利技术和现金出资，其出资额占公司注册资本的 30%；中方以土地使用权和厂房作价出资，其出资额占公司注册资本的 25%；日方以设备出资，其出资额占公司注册资本的 45%。在该合营企业成立之初，日方公司作为投保人向 MIGA 申请投保，为其在合营企业的出资额投保外汇险及战争动

乱险，投保金额为500万美元。问：日方公司能否向MIGA投保（日本为《多边投资担保机构公约》的成员国）？为什么？

提示：《多边投资担保机构公约》对承保的对象合格的投资及合格的投资者进行了明确规定，因此判断日方公司能否向MIGA投保，主要应依照合格的投资及合格的投资者标准进行判断。

第十四章　国际金融法概述

基础知识图解

- 概念、特点
- 布雷顿森林体系的瓦解
- 国际金融新秩序建立
- 国际金融法与国际金融新秩序

配套测试

单项选择题

1. 布雷顿森林体系的基本特征是确立（　　）的国际中心货币地位。

A. 特别提款权　　B. 美元　　C. 英镑　　D. 德国马克

2.（　　）确立了战后国际货币法律体系。

A.《国际复兴开发银行协定》

B.《国际货币基金协定》

C.《牙买加协定》

D.《关于解决国家和他国国民之间投资争端公约》

3. 1978 年 4 月，修改原《国际货币基金协定》的（　　）生效，从法律上正式宣告了布雷顿森林体系的终结。

A.《洛美协定》　　B.《牙买加协定》　　C.《巴塞尔建议》　　D.《汉堡规则》

多项选择题

1. 国际金融法上的资金融通形式主要包括（　　）。

A. 国际贷款　　B. 国际直接投资　　C. 国际证券投资　　D. 国际租赁

2. 国际货币基金组织的资金来源有（　　）。

A. 各会员国认缴的份额　　B. 基金组织向各国中央银行的借款

C. 会员国的捐款　　D. 基金组织其他收入

名词解释

1. 国际金融法

2. 托宾外汇交易税理论（也称托宾税理论）

简答题

简述布雷顿森林体系以及影响。

第十五章　国际商业银行贷款与法律

基础知识图解

- 国际商业银行定期贷款
  - 概念
  - 利率与贷款方式
  - 期限和收费
  - 贷款合同相关问题
- 国际银团贷款
  - 概念
  - 代理银行
  - 银团成员的权利义务
    - 分担贷款
    - 加速还款
  - 参加银团的方法
  - 法律文件

配套测试

单项选择题

中国甲公司为在上海投资酒店用地，在牵头银行中国银行的组织下，与中国银行等 10 余家各国银行组成的银行集团签订贷款协议。贷款协议中约定：在偿还全部贷款之前，中国甲公司不得在自己的资产上为其他债权人设定抵押权。关于本案银团贷款和贷款协议，下列哪一说法是正确的？（　　）

A. 各银行集团成员应就贷款总额承担连带责任

B. 有关贷款协议属于间接式银团贷款

C. “中国甲公司不得在自己的资产上为其他债权人设定抵押权”属于国际贷款协议的先决条件

D. “中国甲公司不得在自己的资产上为其他债权人设定抵押权”属于国际贷款协议的消极担保条款

不定项选择题

1. 关于特别提款权，下列哪些选项是正确的？（　　）

A. 甲国可以用特别提款权偿还国际货币基金组织为其渡过金融危机提供的贷款

B. 甲乙两国的贸易公司可将特别提款权用于两公司之间国际货物买卖的支付

C. 甲乙两国可将特别提款权用于两国政府之间结算

D. 甲国可以将特别提款权用于国际储备

2. 国际货币基金组织提供给会员国的贷款只能用于解决该会员国（　　）。

A. 对外贸易的不平衡　　B. 建设资金的不足

C. 国际收支失调　　D. 建设公共工程时资金的短缺

3. 依与借款人直接签订国际借贷协议的贷款人的不同，可将银团贷款分为下列哪种贷款？（　　）

A. 直接式银团贷款和间接式银团贷款　　B. 浮动利率贷款和固定利率贷款

C. 政府贷款和国际金融机构贷款　　D. 有担保的贷款和无担保的贷款

4. 银团贷款中，由牵头银行与借款人共同拟定，并由牵头银行分发给可能有兴趣参加银团贷款的银行的、邀请其参加贷款的法律文件被称为（　　）。

A. 信息备忘录　　B. 国际借贷协议　　C. 授权委托书　　D. 义务承担书

5. 作为世界最大的多边开发援助机构，同时也是各国最大的国外借款机构的是（　　）。

A. 国际货币基金组织　　B. 国际贸易组织

C. 世界银行集团　　D. 多边投资担保机构

6. 国际定期贷款协议一般都规定（　　）为贷款货币提取地国。

A. 贷款合同签订地国　　B. 贷款人所在地国

C. 借款人所在地国　　D. 贷款货币发行国

7. 在国际定期贷款交易中，除预提税外，其他税收一般（　　）。

A. 由借款人承担

B. 由贷款人承担

C. 由借款人承担大部分，贷款人承担小部分

D. 由贷款人承担大部分，借款人承担小部分

名词解释

1. 国际商业银行定期贷款

2. 先决条件

3. 国际银团贷款

简答题

1. 依据巴塞尔委员会有关国际银行监管的“核心原则”，银行有效监管应当具备哪些条件？

2. 在直接参与式银团贷款方式下，各贷款行与借款人之间的合同关系是怎样的？间接参与方式下有哪种形式，其主要含义是什么？

论述题

试析国际借贷合同违约救济条款的内容及作用。

案例分析题

1. A 公司需要一笔 2 亿美元的中期贷款进行工程建设，遂委托 B 银行为牵头银行组织贷款，并向 B 银行提交了委托书，委托书载明了贷款金额、利息率以及适用法律和法院管辖权等内容。B 银行则向 A 公司出具了一份义务承担书，表示愿意承担为借款人组织国际银团贷款的义务。此后，B 银行与 A 公司就借款协议的各项条款进行了谈判，签订了一份借款协议，协议除约定一般

借贷协议的内容外，还约定B银行可以通过转售参与贷款权给其他愿意提供贷款的银行筹集资金，并统一由B银行将贷款提供给A公司，最后，B银行通过订立出售参与协议，将参与贷款权转让给十家各国银行，筹集到1.5亿美元，连同自有资金5000万美元，共2亿美元贷给了A公司。后B银行因受金融危机影响而破产，致使参与银行的贷款无法按期收回，遂发生纠纷。问：国际银行贷款中的牵头银行破产，参与银行是否可以直接要求借款人偿还贷款？

2. 借款人纸品公司系一家中外合资企业，由中方两个公司与菲律宾GM机械厂合资经营。公司成立于1999年，2021年与中国香港特别行政区某银行签订了借款协议，由银行向该纸品公司陆续发放了188万美元贷款。按约定，纸品公司于2024年3月开始还本付息，双方另外签订了抵押担保合同，以纸品公司全部财产作为借款的抵押担保。至2022年，由于纸品公司内部合作三方矛盾激化，无法继续合作，2022年1月25日经董事会决议通过，公司宣布停产，公司面临重组甚至解散清算的局面。公司的状况引起银行的高度重视。如果矛盾不能解决，必然会影响贷款的及时收回。为此，银行于3月及4月多次与纸品公司及合营各方联系，指出合营各方都有责任立即组织恢复生产，防止财产损失，并鼓励各方依法解决好争端，处理好对内对外关系，避免合资企业的解散。银行表示根据借款合同和抵押合同，目前公司欲进行的任何解散或重组计划，均应事先征得作为公司最大债权人银行的同意，由于合营各方矛盾过深而无法调和，纸品公司不可能重新恢复生产，银行所做的调解没有见效。银行遂根据合同于5月13日正式向纸品公司发出书面违约通知，要求纸品公司在7日内纠正违约行为，由于后者没有作出任何答复或采取任何纠正违约行为的措施，银行根据借款合同于6月14日发出通知，宣布全部贷款立即到期，要求纸品公司归还全部贷款本息。纸品公司对此作出非正式答复：合资企业不久将向有关部门申请企业清算，银行债权可届时与其清算委员会交涉。7月7日，银行向纸品公司所在市中级人民法院起诉，请求判令纸品公司偿还所欠全部贷款本息，同时还请求对纸品公司的财产进行诉讼保全。法院据此经审理于2009年11月正式判决，限令纸品公司自判决生效之日起10日内偿还拖欠银行的全部贷款本息。由于纸品公司已无力履行生效判决，在履行期满后银行申请由法院执行庭执行，执行庭委托拍卖行对纸品公司的诉讼保全财产进行估价后拍卖出售，在扣减有关费用之后，优先归还纸品公司所欠的银行贷款本息。问：（1）在国际借贷协议中，借款人的违约形式有哪些？（2）在借款人违约时，贷款人可采取哪些救济措施？

3. 青年旅行社与贸易公司举办的合作经营企业花园酒店，2020年筹建期间，欲向银行贷款1300万美元。2020年11月5日，花园酒店向投资公司提交《花园酒店贷款保函申请书》，请投资公司作担保人。投资公司于同年12月4日复函同意出保，其前提条件是：花园酒店以酒店的全部房产作为抵押。投资公司于2021年8月27日向贷款方银行出具《保证书》，保证当借款人到期不按借款合同规定偿付借款人所借1300万美元及利息时，投资公司在收到贷款方书面通知后10天内，以同种货币偿付。同日花园酒店便与以银行为代理行的几家银行（简称贷款银团）签订了为期八年半的《借贷合同》，并于2021年10月至2022年11月，分19次从贷款银行提取了全部贷款1300万美元。按照《借款合同》约定，花园酒店应于2022年10月9日支付贷款银团第一期贷款利息，但该酒店直至同年11月9日才偿付，构成第一次违约。2023年1月11日花园酒店应付第二期贷款利息，但未予支付，构成第二次违约。2023年4月17日，花园酒店向投资公司请求代为偿付，投资公司于2023年4月19日支付花园酒店的第二期贷款利息及罚息给贷款银团，并将该款转作花园酒店向投资公司的短期借款。2023年5月27日，花园酒店应向银团偿付第一期到期本金及到期利息，由于无力偿付贷款，构成第三次违约。贷款银团根据合同约定，于2023年7月23日宣布全部贷款本金、利息和其他费用提前到期，要求花园酒店立即付清。酒店无力偿付，贷款银团遂要求投资公司履行保证义务，投资公司于2024年2月22日代花园酒店向贷款银团清偿了所欠本金及利息等共14534904.65美元。投资公司履行了担保义务后，便向花园酒店追索。因花园酒店未予偿付，投资公司遂于 2024 年 3 月 17 日向桂林市中级人民法院提起诉讼。5 月 12 日，法院作出判决：花园酒店偿付投资公司代其偿付的第二期贷款利息、全部贷款本金及利息、罚息；偿付所欠投资公司担保费及利息、罚息；赔偿投资公司经济损失；诉讼费由花园酒店负担。花园酒店不服一审判决，提起上诉。二审法院判决除变更一审判决因担保费计算有误外，均维持原判。问：(1) 投资公司所作的担保性质如何？它与传统的保证有何区别？(2) 何谓贷款的加速到期？(3) 投资公司履行担保义务后，能否取得代位求偿权？

第十六章　国际项目融资与国际债券的法律问题

基础知识图解

- 国际项目融资
  - 概念
  - 特点
  - 形式
    - BOT
    - 融资租赁
  - 风险
  - 特许权与债权人协议
- 国际债券
  - 概念、特点
  - 市场发行
    - 国际债券发行方法
    - 欧洲债券发行方法
  - 国际债券信托
  - 相关法律问题

配套测试

单项选择题

1. 2024 年，中国某合作经营企业，欲向某国商业银行贷款 1300 万美元，为此，该企业向该省国际信托投资公司提交贷款保全申请书，请该投资公司作担保，投资公司随即复函同意出保。根据有关国际融资信用担保的惯例，该投资公司作为保证人，下列对其保证责任表述错误的是（　　）。

A. 保证人不能享有先诉抗辩权

B. 保证人必须承担第一付款责任

C. 保证人必须无条件地承担赔付责任

D. 保证人在基础合同变更或无效时，相应地变更、解除其承担的保证责任

2. 国际项目贷款中偿还贷款的主要资金来源是（　　）。

A. 贷款项目所产生的收益　　B. 项目主办人的自有资金

C. 项目承包人的自有资金　　D. 项目公司所在国政府的财政拨款

3. 在国际项目贷款中，由项目公司与贷款人拥有全部股权的金融公司签订的，约定由金融公司向项目公司预付项目产品的款项，该项目建成投产后，由项目公司向金融公司交付项目产品，金融公司再将该产品转售他人，以获得偿还贷款所需资金的协议称为（　　）。

A. 提货或付款协议　　B. 远期购买协议　　C. 完工担保协议　　D. 投资协议

4. 在各种类型的国际融资担保中，因不具有法律效力而在法律上难以执行的是（　　）。

A. 保证　　B. 备用信用证　　C. 意愿书　　D. 物权担保

5. 出租人提供租赁物并负责租赁物的维修和保养服务的租赁方式是（　　）。

A. 融资性租赁　　B. 杠杆租赁　　C. 维修租赁　　D. 经营性租赁

多项选择题

1. 国际融资担保中的信用担保包括（　　）。

A. 动产物权担保　　B. 保证　　C. 备用信用证　　D. 意愿书

2. 从法律的角度看，无论国际融资双方是否在协议中约定贷款的用途，贷款都不能用于（　　）。

A. 资助侵权行为　　B. 兼并公司

C. 超出借款人经营范围的营业活动　　D. 援助友好国家的军事行动

3. 在国际融资协议中，贷款人可以通过（　　）等使其与借款人的其他债权人处于平等的清偿地位。

A. 反对处置财产条款　　B. 消极担保条款

C. 平等位次条款　　D. 财产约定条款

4. 实践中，国际融资担保存在多种不同的形式，如银行保函、备用信用证、浮动担保等，中国法律对其中一些担保形式没有相应的规定。根据国际惯例，关于各类融资担保，下列哪些选项是正确的？（　　）

A. 备用信用证项下的付款义务只有在开证行对借款人的违约事实进行实质审查后才产生

B. 大公司出具的担保意愿书具有很强的法律效力

C. 见索即付保函独立于基础合同

D. 浮动担保中用于担保的财产的价值是变化的

5. 我国 A 公司从甲国 B 公司进口一批服装，双方约定以信用证方式结算。A 公司向我国 C 银行申请开立了信用证。货到后，A 公司发现集装箱装的全部是工业废料。根据我国相关司法解释，下列说法正确的是（　　）。

A. A 公司应向人民法院申请中止支付信用证项下的款项

B. A 公司应向 C 银行申请中止支付信用证项下的款项

C. 即使信用证具有独立性，必要时人民法院也可将 A、B 两公司之间的信用证纠纷与货物买卖纠纷一并审理

D. 如果 C 银行仅对信用证项下票据作出承兑而未实际付款，则可判决终止支付信用证项下款项

名词解释

1. 国际项目融资

2. 有限追索权

3. 特许权

4. 国际债券

简答题

1. 国际项目融资的特点。

2. 简述国际融资活动中的见索即付担保的含义和法律特征。

3. 国际项目融资的风险。

4. 分析国际借贷中项目融资与一般商业贷款的区别。

案例分析题

2019 年 9 月 1 日和同年 12 月 25 日，中国租赁公司与某省工业和信息化局签订了两份融资租赁合同，按照两份租赁合同约定和承租人工业和信息化局的要求，出租人租赁公司从国外购进年产五百万只充气塑料打火机全套设备和生产技术及一台气罐车和生产零配件，租赁给工业和信息化局。第一份租赁合同的租赁期从 2021 年 1 月 1 日至 2024 年 1 月 1 日，第二份租赁合同租赁期从 2021 年 3 月 1 日至 2024 年 3 月 1 日，签订两份合同租赁总额约 4 亿日元，约定分六次还清，每六个月还一次，未能支付到期租金，应付迟延利息。合同还约定，如工业和信息化局不支付租金，租赁公司可要求即时付清租金的一部或全部，或径行终止合同，收回租赁物件，并由工业和信息化局赔偿损失。合同订立后，租赁公司从日本购入设备，经检验设备质量合格。设备投产后，因生产原料需从国外进口，成本高，加之产品销路不好，致使设备开工不久就停产。工业和信息化局自约定偿还第一期租金起，就未能按合同约定如数支付租金，前后两次仅支付租金约 4000 万日元，付息约 5 万日元。尚欠租金 3.5 亿日元及逾期利息。租赁公司多次催要未果，遂向法院起诉，请求判令工业和信息化局按合同规定偿付租金及利息。问：在融资租赁合同期内，工业和信息化局称经营情况不好，已无力偿还全部租金和利息的情况下，工业和信息化局是否可以要求退回租赁物件？租赁公司未收回租赁物件，是否应承担责任？

第十七章　国际股票法律制度

基础知识图解

- 概念
- 发行审核制度
- 发行的注册及其豁免
- 发行的信息披露
- 上市条件及交易规则
- 禁止内幕交易制度
  - 内幕人员
  - 内幕信息
  - 法律责任
- 国际股票收购制度

配套测试

单项选择题

有组织、有规模的国际证券流通场所称为（　　）。

A. 场外交易市场　　B. 交易柜台　　C. 证券交易所　　D. 证券公司

多项选择题

国际证券是在国际证券市场上发行并销售流通的、以某种可兑换货币为面值的、证明或设立财产所有权的书面凭证，其特征为（　　）。

A. 证券持有人享有证券项下财产的权利

B. 在国际证券市场上发行并销售

C. 其转让不必经债务人同意

D. 只能在国内市场上发行并销售

名词解释

1. 国际股票

2. 国际股票发行的注册制

3. 内幕交易行为

4. 国际股票收购

第十八章　国际支付与结算法律制度

基础知识图解

- 票据支付
  - 票据种类
    - 汇票
    - 本票
    - 支票
  - 支付方式
    - 汇付
    - 托收
      - 光票托收
      - 跟单托收
- 信用证
  - 概念、作用
  - 操作流程
  - 种类
  - UCP600 的主要内容：开证行、保兑行、议付行、通知行义务；审单标准；修改通知等

配套测试

单项选择题

1. 在国际贸易的支付中，以一般的商业信用为基础，收款人以自己的名义开出的汇票为凭证，委托第三者（银行）代为向在外国的付款人收款的是下列哪种支付方式？（　　）

A. 信用证　　B. 电汇　　C. 托收　　D. 票汇

2. 国际贸易如采用信用证方式支付货款，汇票上的付款人应该注明下列哪个名称？（　　）

A. 买方名称　　B. 开证行名称　　C. 买方往来银行名称　　D. 议付行名称

3. 付款人表示接受出票人的付款指示，同意承担付款义务而将此意思记载于汇票上的是下列哪种票据行为？（　　）

A. 付款　　B. 提示　　C. 承兑　　D. 追索

4. 支票是以银行为付款人的见票即付的书面凭证，从性质上讲，支票属于下列哪种特殊的票据？（　　）

A. 本票　　B. 汇票　　C. 期票　　D. 信用证

5. 某汇票上载明的付款时间是“出票后 3 个月付款”，该汇票属于下列哪种类型的票据？（　　）

A. 即期汇票　　B. 远期汇票　　C. 期票　　D. 支票

6. 持票人在汇票背面签名并将汇票交付受让人的是下列哪种行为？（　　）

A. 出票　　B. 背书　　C. 提示　　D. 承兑

7. 信用证是银行依开证申请人的请求，开给（　　）的一种保证银行在满足信用证要求的条

件下承担付款责任的书面凭证。

A. 付款人　　B. 议付行　　C. 买方　　D. 受益人

8. 汇票的提示是指下列哪种人将汇票提交付款人，要求付款或承兑的行为？（　　）

A. 指定银行　　B. 付款人　　C. 汇票持有人　　D. 出票人

9. 由卖方开具远期汇票，通过银行向买方作承兑提示，买方承兑后于汇票到期日再付款交单的方式叫作（　　）。

A. 信汇　　B. 远期付款交单　　C. 承兑交单　　D. 承兑付款交单

10. 开证行开出的信用证又经另一家银行保证兑付的属于下列哪种信用证？（　　）

A. 可转让信用证　　B. 光票信用证　　C. 保兑信用证　　D. 可撤销的信用证

11. 汇出行受汇款人的委托，开立以汇入行为付款人的银行即期汇票，由汇款人自行寄交收款人凭以向汇入行收取汇款的国际贸易支付方式称为（　　）。

A. 信汇　　B. 电汇　　C. 票汇　　D. 银行信用证

12. 采用信用证支付方式的前提条件是下列哪项？（　　）

A. 国际货物买卖合同的双方在买卖合同中明确约定采用信用证方式付款

B. 国际货物买卖合同中的卖方已经采用托收的支付方式，但未能取得约定款项

C. 国际货物买卖合同中的买方已向开证行支付了约定的货款

D. 国际货物买卖合同中的卖方已经将货物发运

13. 托收方式中的委托人又称出票人，是开立汇票委托银行收款的债权人，在国际贸易中通常为下列哪一当事人？（　　）

A. 买方　　B. 承运人　　C. 卖方　　D. 议付货款的银行

14. 信用证支付方式中的受益人在国际货物贸易中，通常是下列哪一当事人？（　　）

A. 买方　　B. 提单的受让人　　C. 收货人　　D. 卖方

15. 国际货物买卖中规定的支付货币必须是（　　）。

A. 进口国货币　　B. 出口国货币　　C. 第三国货币　　D. 可以自由兑换的货币

16. 出票人于见票时或某一确定的将来时间，无条件支付确定的金额给收款人或者持票人的书面承诺称为（　　）。

A. 汇票　　B. 本票　　C. 支票　　D. 光票

17. 在国际支付结算中，使用最为广泛的是下列哪种票据？（　　）

A. 支票　　B. 期票　　C. 汇票　　D. 本票

18. 下列关于日内瓦票据法体系和《国际汇票和国际本票公约》的比较中说法正确的有（　　）。

A. 两者都规定汇票上必须记载出票日期且不得出具来人式抬头的汇票

B. 二者都只是国际票据的统一立法，而不是票据的国际统一法，因为它们只适用于国际票据而不适用于国内票据

C. 参加日内瓦票据体系的多为英美法系国家，《国际汇票和国际本票公约》因得不到欧洲大陆法系国家的认可而至今尚未生效

D. 以上说法均不正确

19. 在国际贸易的支付中，以一般商业信用为基础，收款人以自己开出的汇票为凭证，委托第三者（银行）代为向在外国的付款人收款的是下列哪一种支付方式？（　　）

A. 托收　　B. 信汇　　C. 信用证　　D. 票汇

20. 汇付中的汇款人一般是国际贸易中的（　　）。

A. 承运人　　B. 保险人　　C. 买方　　D. 卖方

21. 在信用证的支付方式中，开证申请人和开证行之间是以开证申请书及其他法律文件确定的（　　）。

A. 委托合同关系　B. 劳动合同关系　C. 买卖合同关系　D. 债权债务关系

22. 2024年，甲国X公司（卖方）与中国Y公司（买方）订立货物买卖合同。Y公司向中国某银行申请开出了不可撤销信用证。在合同履行过程中，Y公司派驻甲国的业务人员了解到，该批货物很可能与合同严重不符且没有价值，于是紧急通知Y公司总部。Y公司随即向有管辖权的中国法院提出申请，请求裁定止付信用证项下的款项。依照《最高人民法院关于审理信用证纠纷案件若干问题的规定》，下列哪一表述是错误的？（　　）

A. Y公司须证明存在X公司交付的货物无价值或有其他信用证欺诈行为的事实，其请求才可能得到支持

B. 开证行如发现有信用证欺诈事实并认为将会给其造成难以弥补的损害时，也可以向法院申请中止支付信用证项下的款项

C. 只有在法院确认国外议付行尚未善意地履行付款义务的情况下，才能裁定止付信用证项下的款项

D. 法院接受中止支付信用证项下款项的申请后，须在48小时内作出裁定

23. 凭跟单汇票或只凭单据付款的信用证称为（　　）。

A. 跟单信用证　B. 光票信用证　C. 即期信用证　D. 远期信用证

24. 下列选项中哪种信用证和一般信用证不同，其并非一种支付方式，而是一种银行担保？（　　）

A. 备用信用证　B. 保兑信用证　C. 不可撤销信用证　D. 不可转让信用证

25. 信用证欺诈产生的最主要原因是（　　）。

A. 信用证支付中卖方只向银行提交单据，而不要求银行检查货物是否真的与买卖合同相符

B. 国际货物买卖合同中双方当事人的营业地分处不同国家所致

C. 信用证支付中银行责任的局限性，即银行只负责审查单据表面相符，对单据的真实性不承担调查责任

D. 信用证支付中各当事人分处不同国家所致

26. 即期汇票的付款时间为（　　）。

A. 出票即付　B. 先承兑后付款　C. 见票即付　D. 背书转让时付款

27. 我国《票据法》规定，在汇票被拒付后，持票人行使其追索权的期限为6个月，此期间的起算日为（　　）。

A. 汇票被拒付之日　B. 拒绝证书作成之日

C. 出票之日　D. 汇票的到期日

28. 甲公司依运输合同承运一批从某国进口中国的食品，当正本提单持有人乙公司持正本提单提货时，发现货物已由丙公司以副本提单加保函提走。依我国相关法律规定，下列哪一选项是正确的？（　　）

A. 无正本提单交付货物的民事责任应适用交货地法律

B. 乙公司可以要求甲公司承担违约责任或侵权责任

C. 甲公司对因无正本提单交货造成的损失按货物的成本赔偿

D. 丙公司提走了货物，不能要求甲公司承担责任

29. 中国甲公司（买方）与某国乙公司（卖方）签订仪器买卖合同，付款方式为信用证，中国丙银行为开证行，中国丁银行为甲公司申请开证的保证人，担保合同未约定法律适用。乙公司向信用证指定行提交单据后，指定行善意支付了信用证项下的款项。后甲公司以乙公司伪造单据

为由，向中国某法院申请禁止支付令。依我国相关法律规定，下列哪一选项是正确的？(　　)

A. 中国法院可以诈欺为由禁止开证行对外支付

B. 因指定行已善意支付了信用证项下的款项，中国法院不应禁止中国丙银行对外付款

C. 如确有证据证明单据为乙公司伪造，中国法院可判决终止支付

D. 丁银行与甲公司之间的担保关系应适用《跟单信用证统一惯例》规定

30. 甲银行应中国某进出口公司的申请，开出以某国某公司为受益人的信用证，同时请求某国乙银行予以保兑。根据《跟单信用证统一惯例》（UCP600）的规定，下列哪一选项是正确的？(　　)

A. 乙银行同意保兑使中国银行免除了付款义务

B. 乙银行同意保兑使中国银行成为担保行

C. 乙银行的付款责任独立于中国银行的付款责任

D. 甲银行仅在大通银行履行了保兑责任后承担付款责任

31. 中国某公司在甲国承包了一项工程，中国某银行对甲国的发包方出具了见索即付的保函，后甲国发包方以中国某公司违约为由向中国某银行要求支付保函上的款项遭到拒绝，遂诉至法院。关于本案，根据相关法律和司法解释，以下说法正确的是哪一项？(　　)

A. 如果中国某公司是我国政府独资的国有企业，则中国某银行可以此为由拒绝向受益人付款

B. 中国某银行可以主张保函受益人先向中国某公司主张求偿，待其拒绝后再履行保函义务

C. 中国某银行应对施工合同进行实质性审查后，方可决定是否履行保函义务

D. 如甲国发包方提交的书面文件与保函要求相符，中国某银行应承担付款责任

多项选择题

1. 下列属于国际银团借贷协议特点的有（　　）。

A. 可以分散贷款风险

B. 提供贷款的银行有两家以上，而借款人是共同的

C. 由一家贷款方向借款人提供贷款

D. 主要适用于数额较大的贷款

2. 国际银团贷款的特点包括（　　）。

A. 贷款条件优惠，具有经济援助性质，通常为无息或低息贷款

B. 贷款目的大多是解决发展中国家在国际收支上的困难

C. 提供贷款银行由两家以上组成，而借款人是共同的

D. 大多由一家或数家银行牵头，联合其他多家银行，按照共同的贷款条件向借款人提供贷款

3. 世界银行的贷款对象包括（　　）。

A. 成员国政府

B. 成员国的政府机构

C. 其他国际经济组织

D. 能够获得政府及世界银行认可机构担保并有偿还能力的公私企业

4. 常见的政府借贷协议不同于普通国际商业借贷协议的特征为（　　）。

A. 贷款方对贷款的使用目的控制比较严格

B. 借款人必须专款专用，不得挪用

C. 贷款对象一般限于成员国政府、政府机构及其能够获得政府和世界银行认可机构担保并有偿还能力的公私企业

D. 争议的解决上以协商和仲裁为主，很少采用诉讼方式

5. 在信用证付款中，通知行负有下列哪些责任？（　　）
A. 如不接受委托，必须不迟疑地告知开证行
B. 对双方当事人交易的货物的质量负责
C. 合理谨慎地审核信用证的表面真实性
D. 合理谨慎地审核信用证的实质真实性
6. 关于托收，下列选项中哪些是正确的？（　　）
A. 从信用性质上看，托收属于银行信用
B. 从信用性质上看，托收属于商业信用
C. 付款交单和承兑交单相比，承兑交单对卖方来说风险更大
D. 付款交单和承兑交单相比，付款交单对卖方来说风险更大
7. 依据国际商会 2007 年修订的《跟单信用证统一惯例》（UCP600）的规定，下列哪些选项是正确的？（　　）
A. 银行应对单据的真实性作实质上的审查
B. 银行对单据中货物的描述和价值不负责任
C. 当事人对买卖合同的变更，除非通知银行，否则银行不予考虑
D. 银行只依信用证条款审核单据，对买卖双方的诚信或履约情况不负责任
8. 关于汇票的背书，下列选项中正确的有哪些？（　　）
A. 背书分为记名背书和空白背书，前者背书持票人须在汇票背面写上被背书人的姓名，后者背书持票人只在汇票背面签上自己的姓名，而不填写被背书人的姓名
B. 对于背书人来说，除限制性背书和免受追索背书外，合法有效的背书将使其成为票据的主债务人，须对该汇票承担首先承兑或付款的义务
C. 对于背书人来说，除限制性背书和免受追索背书外，合法有效的背书将使其成为票据的从债务人，须对包括被背书人在内的所有后手保证该汇票将得到承兑或付款
D. 对于被背书人来说，合法有效的背书使其取得了背书人对票据的一切权利
9. 下列汇票中，属于远期汇票的是哪几项？（　　）
A. 见票即付的汇票　　B. 载明付款的具体日期的汇票
C. 出票后定期付款的汇票　　D. 见票后定期付款的汇票
10. 关于信用证欺诈例外原则，下列说法中正确的有哪些？（　　）
A. 信用证欺诈例外原则是在否认信用证独立于买卖合同原则的基础上提出来的
B. 信用证欺诈例外原则是在承认信用证独立于买卖合同原则的同时，针对国际贸易中不断发生的信用证欺诈提出的一项例外原则
C. 信用证欺诈例外原则指的是如果在银行对卖方提交的单据付款或承兑以前，发现或获得确凿证据，证明卖方确有欺诈行为，买方可以请求法院向银行颁布禁止令，禁止银行付款
D. 信用证欺诈例外原则首先是在英国法院的判例中提出来的
11. 关于托收支付方式，下列表述中哪些是正确的？（　　）
A. 托收行通常直接向买方收款
B. 代收行与托收行之间是委托关系
C. 由于代收行的原因致使收款不成功的，收款人可以起诉代收行
D. 当付款人不付款赎单时，代收行没有义务提货
12. 依据《托收统一规则》的规定，托收银行不承担下列哪些责任？（　　）
A. 收到的款项在扣除必要的手续费和其他费用后必须按照指示书的规定无迟延地解交本人
B. 对承兑人签名的真实性需负责任

C. 除非事先征得银行同意，否则银行无义务提取货物
D. 对由于任何通知、信件或单据在寄送途中发生延误或失落所造成的一切后果需负责任

13. 国际保理业务集现代信息技术和国际金融业务于一身，已经发展成为国际贸易结算中一种有效的竞争手段。其特点可以概括为以下哪几点？（ ）
A. 由保理公司负责进口商的资信调查
B. 由保理公司负责出口商的资信调查
C. 转让应收账款使出口商获得资金融通
D. 转让应收账款使出口商规避了坏账风险

14. 在国际货物买卖中，买方及议付银行一般只愿意接受下列哪几种提单？（ ）
A. 已装船提单 B. 不清洁提单 C. 备运提单 D. 清洁提单

15. 付款人承兑远期汇票的法律意义在于下列哪几项？（ ）
A. 付款人承兑远期汇票以后就成为汇票的从债务人，须在出票人不付款的情况下承担付款义务
B. 付款人承兑远期汇票以后就成为汇票的主债务人，而出票人和背书人为从债务人
C. 如承兑人到期不付款，持票人可以直接对其起诉
D. 如承兑人到期不付款，持票人不能直接对其起诉，而只能向所有的前手追索

16. 就信用证当事人之间的关系而言，下列选项中有哪些是正确的？（ ）
A. 在任何情况下，开证行与受益人之间都是以信用证确定的合同关系
B. 当开立的是可撤销的信用证时，开证行与受益人之间并不存在对双方有约束力的合同关系
C. 在开立不可撤销的信用证的情况下，当信用证送达受益人时，在开证行和受益人之间即形成了对双方有约束力的独立合同关系
D. 通知行和受益人之间也存在以信用证为基础的合同关系

17. 国际贸易中的支付工具主要是（ ）。
A. 货币 B. 票据 C. 托收 D. 信用证

18. 甲公司向某国乙开证行发出通知，说明汇票上存在欺诈，而乙开证行兑付了汇票。乙开证行的行为应如何认定？（ ）
A. 乙开证行应对甲公司承担损害赔偿的责任，因甲公司已通知了乙开证行汇票上存在欺诈
B. 只要单证表面相符，并构成善意行为，乙开证行不负任何责任
C. 乙开证行接到甲公司的通知后应立即禁止款项的兑付
D. 乙开证行无权禁止款项的兑付，只有有管辖权的法院可以禁止款项的兑付

19. 下列汇票中，属于远期汇票的是（ ）。
A. 出票后定期付款的汇票 B. 见票后定期付款的汇票
C. 见票即付的汇票 D. 载明付款的具体日期的汇票

20. 根据出票人不同，可将汇票分为（ ）。
A. 银行汇票 B. 跟单汇票 C. 光票 D. 商业汇票

21. 汇票的基本当事人包括（ ）。
A. 背书人 B. 出票人 C. 付款人 D. 受款人

22. 依使用信用工具的不同，可将汇付划分为（ ）。
A. 信汇 B. 电汇 C. 汇票 D. 票汇

23. 在下列哪种支付方式下，信用工具的传递与资金的转移方向相反，因此俗称为逆汇法？（ ）
A. 汇付 B. 托收 C. 银行信用证 D. 买方直接付款

24. 信用证的当事人有（　　）。

A. 通知行　　B. 代收行　　C. 开证行　　D. 开证申请人

25. 下列说法中正确的有（　　）。

A. 银行开出备用信用证后，即成为开证申请人的担保人

B. 根据预支信用证，受益人在交单前即可预支全部或部分货款，对于受益人日后能否按信用证交单、交货的风险及银行发生的利息或费用全部由申请人承担

C. 在对开信用证中，买方和卖方相互开立的信用证必须金额相等且同时生效

D. 按其兑现方式，信用证可分为付款信用证、保兑信用证和议付信用证

26. 信用证欺诈的种类包括（　　）。

A. 伪造单据　　B. 以保函换取与信用证相符的提单

C. 开立假信用证　　D. “软条款”信用证

27. 下列信用证条款中，属于信用证“软条款”的有（　　）。

A. 信用证项下的付款要在货物清关后才支付

B. 出口货须经开证申请人派员检验，合格后出具检验认可的证书

C. 受益人须在某日之前提交信用证规定的单据，否则银行不再承担付款、承兑或议付义务

D. 本证暂不生效，待进口许可证签发通知后生效

28. 根据国际商会《跟单信用证统一惯例》（UCP600）的规定，如果受益人按照信用证的要求完成对指定银行的交单义务，出现下列哪些情形时，开证行应予承付？（　　）

A. 信用证规定指定银行议付但其未议付

B. 信用证规定指定银行延期付款但其未承诺延期付款

C. 信用证规定指定银行承兑，指定行承兑但到期不付款

D. 信用证规定指定银行即期付款但其未付款

29. 2006年国际商会巴黎会议上通过的经修改的《跟单信用证统一惯例》（UCP600）于2007年7月1日实施。下列哪些选项属于UCP600修改或规定的内容？（　　）

A. 直接规定信用证是不可撤销的

B. 关于议付的新定义明确了议付是对票据及单据的一种售出行为

C. 规定当开证行确定单证不符时，可以自行决定联系申请人放弃不符点

D. 规定银行收到单据后的处理时间为“合理时间”，不超过收单翌日起的5个工作日

30. 中国甲公司（卖方）与某国乙公司（买方）签订了国际货物买卖合同，约定采用信用证方式付款，由设在中国境内的丙银行通知并保兑。信用证开立之后，甲公司在货物已经装运，并准备将有关单据交银行议付时，接到丙银行通知，称开证行已宣告破产，丙银行将不承担对该信用证的议付或付款责任。据此，下列选项正确的是（　　）。

A. 乙公司应为信用证项下汇票上的付款人

B. 丙银行的保兑义务并不因开证行的破产而免除

C. 因开证行已破产，甲公司应直接向乙公司收取货款

D. 虽然开证行破产，甲公司仍可依信用证向丙银行交单并要求付款

31. 中国甲公司与德国乙公司签订了出口红枣的合同，约定品质为二级，信用证方式支付。后因库存二级红枣缺货，甲公司自行改装一级红枣，虽发票注明品质为一级，货价仍以二级计收，但在银行办理结汇时遭拒付。根据相关公约和惯例，下列哪些选项是正确的？（　　）

A. 甲公司应承担交货不符的责任

B. 银行应在审查货物的真实等级后再决定是否收单付款

C. 银行可以发票与信用证不符为由拒绝收单付款

D. 银行应对单据记载的发货人甲公司的诚信负责

32. 根据《最高人民法院关于审理信用证纠纷案件若干问题的规定》，中国法院认定存在信用证欺诈的，应当裁定中止支付或者判决终止支付信用证项下款项，但存在除外情形。关于除外情形，下列哪些表述是正确的？（　　）

A. 开证行的指定人、授权人已按照开证行的指令善意地进行了付款

B. 开证行或者其指定人、授权人已对信用证项下票据善意地作出了承兑

C. 保兑行善意地履行了付款义务

D. 议付行善意地进行了议付

33. 甲国公司承担乙国某工程，与其签订工程建设合同。丙银行为该工程出具见索即付的保函。后乙国发生内战，工程无法如期完工。对此，下列哪些选项是正确的？（　　）

A. 丙银行对该合同因战乱而违约的事实进行实质审查后，方履行保函义务

B. 因该合同违约原因是乙国内战，丙银行可以此为由不履行保函义务

C. 丙银行出具的见索即付保函独立于该合同，只要违约事实出现即须履行保函义务

D. 保函被担保人无须对甲国公司采取各种救济方法，便可直接要求丙银行履行保函义务

34. 中国甲公司和非洲乙公司订立了出口一批机电产品的合同。因目的港无直达航线，需要转船运输，合同约定了信用证支付方式。关于申请开立的信用证，下列哪些情形属于“软条款”信用证？（　　）

A. 信用证要求保兑

B. 信用证要求提单为已装船提单

C. 信用证规定“开证行须在货物经检验合格后方可支付”

D. 信用证规定“禁止转船”

35. 中国甲公司与某国乙公司签订天然气供应合同，合同约定争议以仲裁方式解决。中国甲公司根据天然气供应合同的约定，委托中国银行为履行合同开立了独立保函。现某国乙公司与中国银行因独立保函的履行发生纠纷，根据我国相关法律规定，下列哪些判断是正确的？（　　）

A. 因天然气供应合同中有仲裁条款，法院对独立保函纠纷没有管辖权

B. 中国银行住所地法院有权管辖独立保函纠纷

C. 若我国法院受理本案，中国银行主张保函性质为一般保证的，法院不予支持

D. 如果存在保函欺诈，中国银行住所地法院有权管辖保函欺诈纠纷

36. 中国甲公司和法国乙公司按FOB条件签订合同进口一批货物，货款以信用证方式支付，该批货物投保了水渍险，货物在海运途中因恶劣天气推定全损。根据2020年《国际贸易术语解释通则》和《跟单信用证统一惯例》（UCP600）以及国际经济法的其他规则，下列哪些说法是正确的？（　　）

A. 因该批货物推定全损，中国甲公司有权拒绝支付货款

B. 中国甲公司可以将推定全损的货物委付给保险公司，保险公司可以接受也可以不接受

C. 银行对单据的真伪不承担任何法律责任

D. 法国乙公司提交的单据与信用证条款之间表面上不完全一致，但不导致相互之间产生歧义的，应认定构成表面相符

37. 中国某公司在甲国承包了某项工程，中国某银行对甲国发包方出具了载明适用《见索即付保函统一规则》的独立保函。甲国发包方以中国某公司违约为由，向中国某银行要求支付保函金额遭到拒绝，遂向中国某法院针对中国某银行提起诉讼。中国某公司与甲国政府发生了投资争端，因中国和甲国均为《关于解决国家与他国国民之间投资争端公约》（ICSID）的缔约国，双方拟向依公约设立的ICSID提起仲裁。关于本案下列哪些选项是正确的？（　　）

A. 只有争端发生后，中国某公司和甲国达成将争端提交 ICSID 解决的书面协议，ICSID 对该争端才有管辖权

B. 即使甲国对 ICSID 裁决不服，也不得向甲国最高法院上诉

C. 中国某银行履行保函义务需对工程承包合同的违约事实进行实质审查

D. 中国某法院应适用《见索即付保函统一规则》解决保函纠纷

不定项选择题

1. 中国某进出口 A 公司与西班牙 B 公司签订了一批货物的进口合同，以信用证方式付款，价格条件为 FOB，C 公司承运，该批货物投保了一切险。货到目的港后，中国 A 公司发现这批货物的内在质量与合同的质量要求不符，遂请求银行不要议付，而 B 公司提交的议付单据则与信用证的要求一致。下列哪些选项是正确的？（　　）

A. 银行可以不向 B 公司议付，因为 B 公司提供的货物的内在质量与合同要求不符

B. A 公司可以向 C 公司索赔

C. A 公司可以向保险公司索赔

D. 只要单据与信用证一致，银行就应付款，A 公司可以向 B 公司索赔

2. 中国甲公司（卖方）与法国乙公司（买方）签订了一份国际货物买卖合同，合同约定采用信用证方式付款。后甲公司收到乙公司开来的不可撤销信用证，由设在中国境内的甲外资银行通知并保兑。甲公司在货物装运后，正准备将有关单据交银行议付时，接到保兑银行通知，由于开证银行已宣告破产，该行不承担对该信用证的议付或付款责任，但可接受甲公司委托向乙公司直接收取货款的业务。下列说法中正确的有（　　）。

A. 甲公司应当直接向保兑行交单并请求付款。因为保兑行对信用证进行保兑后，其承担的责任就相当于本身开证，不论开证行发生什么变故，保兑行都不能片面撤销其保兑

B. 由于开证行已经破产，保兑行的保兑义务业已免除，因此甲公司应当将有关单据直接寄交乙公司，同时要求其采用汇付的支付方式付款

C. 甲公司应直接向乙公司收取货款，因为开证行已经破产，通过信用证的支付方式已不可能获得货款

D. 因为开证行已经破产，所以信用证的保兑行也可免除其承担的保兑义务

3. 5 月，德国 A 公司与中国 B 公司订立了向中国进口 200 台电子计算机的合同，每台 CIF 上海 1200 美元，以不可撤销的信用证支付，11 月汉堡港装船。10 月 10 日，中国银行根据买方指示向卖方开出了金额为 24 万美元的不可撤销的信用证，委托一家德国银行通知并议付此信用证。12 月 20 日，卖方将 200 台计算机装船并获得信用证要求的提单、保险单、商业发票等单据后，即到德国议付行议付。经审查，单证相符，银行即将 24 万美元支付给 A 公司。载货船离开汉堡港 10 天后，由于在航行途中遇上特大暴雨和暗礁，货船及货物全部沉入大海，此时开证行已收到了议付行寄来的全套单据，买方业已得知所购货物全部灭失的消息。中国银行拟拒绝偿付议付行已议付的 24 万美元的货款，理由是其客户不能得到所期待的货物。关于本案，下列选项中正确的是（　　）。

A. 开证行不应拒绝偿付议付行

B. 中国 B 公司应向保险公司提出索赔

C. 本案开证行在议付前不能随意修改或撤销其开立的信用证

D. 开证行可以这批货物全部灭失为由而免除其所承担的付款义务

4. 中国甲公司与加拿大乙公司订立一份从中国出口食品 450 公吨的合同，约定 4 月至 9 月每月平均交货 50 公吨，即期信用证支付，来证规定货物装运前由出口口岸商品检验局出具船边测温证书作为议付不可缺少的单据之一。4 月至 6 月交货正常，并顺利结汇。7 月因船期延误，拖延至

8月5日才实际装船，在托运人出具保函的情况下，承运人签发了装船日期为7月31日的提单，但送银行议付的商检证书中填写的船边测温日期为8月5日。开证行收到单据后来电表示对这批货物拒付货款。关于本案，下列哪些选项是正确的？（　）

A. 银行拒付没有道理，银行只负表面责任，单证相符就应付款

B. 本案承运人倒签了提单，是对收货人的欺诈行为

C. 银行拒付货款有道理，因为商检证书写明船边测温日期与装船日期不符

D. 本案的开证申请人应为加拿大乙公司

5. 中国甲公司从某国乙公司进口一批货物，委托中国丙银行出具一份不可撤销信用证。乙公司发货后持单据向丙银行指定的丁银行请求付款，银行审单时发现单据上记载内容和信用证不完全一致。乙公司称甲公司接受此不符点，丙银行经与甲公司沟通，证实了该说法，即指示丁银行付款。后甲公司得知乙公司所发货物无价值，遂向有管辖权的中国法院申请中止支付信用证项下的款项。下列说法正确的是（　　）。

A. 甲公司已接受不符点，丙银行必须承担付款责任

B. 乙公司行为构成信用证欺诈

C. 即使丁银行已付款，法院仍应裁定丙银行中止支付

D. 丙银行发现单证存在不符点，有义务联系甲公司征询是否接受不符点

名词解释

1. 本票

2. 汇付

3. 跟单托收

4. 远期付款交单（D/P AFTER SIGHT）

5. 涉外票据

6. 信用证

简答题

1. 简述信用证支付方式中的严格相符原则。

2. 简述票据的法律特性。

3. 简述本票与汇票的区别。

4. 简述备用信用证与跟单信用证的区别。

5. 票据的签发、背书能否附条件？为什么？

论述题

试述国际贸易中信用证的性质和作用。

案例分析题

1. 甲国A公司与乙国B公司签订了从B公司进口1000台电视机的合同，合同选用了《国际贸易术语解释通则》的CIF术语，并约定付款方式为不可撤销的即期信用证。A公司按合同要求向X银行申请开证。X银行开出了以B公司为受益人的不可撤销的即期信用证。B公司与承运人C订立了运输合同并将货物装船，运输合同适用《海牙规则》。由于电视机包装不牢且包装业已渗水，承运人拒绝签发清洁提单。由于信用证要求B公司提供清洁的指示提单，B公司于是向承运

人提供了保函，换取了承运人签发的清洁提单。此事被收货人 A 公司的代理在装货港监装时发现并告知了收货人。请问收货人应如何处理此问题？

2. 2010 年 3 月 5 日，中国某出口公司电告某国某商贸公司，欲以 FOB 条件向某国出口一批大蒜，总价款为 100 万美元，用不可撤销的跟单信用证支付价款。3 月 11 日收到某国某商贸公司复电，同意购买。但要求降价至 90 万美元，中国某出口公司于 3 月 15 日电告对方同意其要求，某国某商贸公司 3 月 17 日收到此电报。随后，中国某出口公司将货物运至上海港，交由中国某远洋运输公司承运，整批货物分装在三个集装箱内。4 月 5 日承运船舶在公海航行时，由于船员的疏忽，船上发生火灾。中国某出口公司托运的一个集装箱被火焚毁，其余两个则完好无损。4 月 11 日货物运至纽约港，但某国某商贸公司拒绝接收货物，并向中国某出口公司提出索赔，双方诉至法院。问：

（1）双方的合同争议是否可以适用《联合国国际货物销售合同公约》解决？

（2）根据有关法律规定，该合同于何时成立？为什么？

（3）中国某出口公司是否应办理该批大蒜的运输保险？

（4）根据 FOB 交货条件，货物的风险在何时由卖方移转至买方？

（5）货物在海上受到损毁，某国某商贸公司能否要求中国某出口公司给予赔偿？

（6）假设中国某出口公司向银行提交了信用证规定的提单证，在收到货款后，又欲将正在运输途中的货物卖给其他公司，此时中国某出口公司是否有权向承运人发出指示，要求将货物运回或交给其他收货人？

（7）谁是信用证的受益人？

3. 4 月，中国甲公司与某国乙公司签订钢材销售合同。根据合同的约定，乙公司在某国的丙银行申请开出了不可撤销即期信用证，信用证规定采用多式联运方式运输，对装运标志没有特殊要求。通知行为某国丁银行在华的分行。根据信用证条款的规定，由丁银行在华分行保兑并指定该行议付，议付可以用电传向丙银行索赔。8 月 25 日，甲公司将货物以多式联运方式运出，并由当地外运公司签订了陆海联运提单。8 月 27 日，甲公司将全套单据寄交丁银行在华分行议付，9 月 1 日，丁银行在华分行向甲公司发出了“银行付款通知单”。9 月 12 日，丁银行在华分行通知甲公司，全套单据遭丙银行拒付，理由为存在下列不符点：（1）提单未显示“已装船”字样；（2）装运标志上表示的是整批货物的总数量而不是每一纸箱中的数量。鉴于上述原因，丙银行要求丁银行退回货款。9 月 26 日，丁银行将丙银行的第二份通知传真给甲公司，通知中称，如果甲公司降价 25%，开证申请人可接受所提交的有不符点的单据。甲公司传真答复：（1）本公司提供的单证并无任何不符，不同意退单；（2）信用证系独立于合同之外的法律文件，客户的降价要求不应在信用证项下予以解决；（3）丁银行在华分行作为保兑行应按照国际惯例履行付款责任。12 月 1 日，丁银行在华分行致函甲公司：“我行已经向开证行交涉多次，所提不符点纯属故意挑剔，我行已要求其立即付款，并已通知其不同意降价，请你公司速指示是否同意退单？”12 月 5 日，甲公司回函丁银行表示：“我公司不同意降价，也不同意退单，作为保兑行和议付行，你行负有及时付款的责任。”第二年 1 月 10 日，丁银行函复甲公司称：“尽管我行已经对上述信用证予以保兑，但并不意味着我们必须对此单付款。只有当开证行倒闭，其所交单据完全符合信用证的情况下，保兑行才负有付款责任。现根据你公司上述单据，开证行提出与信用证要求不符并拒绝付款，我行没有代开证行付款的责任。关于单证是否相符问题，我行已与丙银行交涉，但双方因为标准不一，无法达成共识。开证行丙银行坚持有不符点而拒付。”之后，丁银行将全套单据退回给甲公司，甲公司则向丙银行投诉，要求保兑行履行支付货款的责任。

问：（1）甲公司提交的单据与信用证规定是否相符？丙银行是否应该付款？

（2）丁银行作为保兑行应承担什么责任？

第十九章　国际金融监管

基础知识图解

- 国际银行资本充足率原则
- 巴塞尔委员会对资本充足率的监管
- 信用管理原则
  - 信用风险管理
  - 大额贷款披露制度
  - 利率风险监管
- 监管的核心原则
- 国际金融交易中的外汇管理（《国际货币基金协定》第 8 条规定）

配套测试

单项选择题

（　　）是目前国际上协调各国银行管制活动的最主要机构。

A. 国际货币基金组织　　B. 国际清算银行

C. 巴塞尔委员会　　D. 国际复兴开发银行

名词解释

1. 大额贷款

2. 国际银行监管的“核心原则”

3. 保护投资者

4. 发行人原则

5. 二级市场原则

6. 不可强制执行

7. 骗汇行为

简答题

简述《国际货币基金协定》第 8 条会员国的含义。

论述题

1. 试析《外汇管理条例》关于经常项目和资本项目外汇管理的内容。

2. 试述东道国对跨国银行经营的法律管制。

第二十章　国际税法概述

基础知识图解

- 概念
- 国际税收法律关系特征
  - 主体
  - 客体
  - 内容
- 宗旨
- 原则
  - 税收管辖权独立自主原则
  - 避免国际重复征税原则
  - 消除税收歧视原则
  - 防止国际逃税和避税原则
- 国际税法的发展

配套测试

单项选择题

下列哪项纳税人的所得为国际税收法律关系的客体？（　　）

A. 国内所得　　B. 国外所得　　C. 跨国所得　　D. 国外财产与所得

多项选择题

1. 国际税法的法律渊源目前包括（　　）。

A. 国际税收公约　　B. 国际税收双边条约

C. 各国涉外税收立法　　D. 国际税收多边条约

2. 国际税法的调整范围包括（　　）。

A. 国家与国家之间的税收关系

B. 国内纳税人与外国纳税人之间的税收关系

C. 国家与跨国纳税人之间的税收关系

D. 国内纳税人与跨国纳税人之间的税收关系

不定项选择题

国际税法是随着世界经济的发展而逐渐产生和发展起来的，有关国际税法的表述正确的有（　　）。

A. 国际税收协定是主权国家和国际组织之间签订的法律文件
B. 我国承认国际税法的效力优于国内税法
C. 国际税法的重要渊源是国内税法
D. 国际税收协定最典型的形式是 OECD 范本和联合国范本
E. 税收管辖权具有明显的独立性和排他性

名词解释

1. 国际税法
2. 国际税收关系

简答题

国际税法的发展趋势有哪些表现？

论述题

与国内税收关系相比，国际税法所调整的国际税收关系有哪些特点？

第二十一章　税收管辖权与所得税法律制度

基础知识图解

- 居民税收管辖权
  - 概念
  - 居民身份确定
    - 自然人
      - 住所标准
      - 居所标准
      - 居住时间标准
    - 法人
      - 实际管理和控制中心所在地
      - 总机构所在地
- 来源地税收管辖权
  - 概念
  - 确定标准
    - 营业所得来源地的确定
    - 劳务所得来源地的确定
    - 投资所得来源地的确定
    - 财产收益来源地的确定
- 个人所得税
  - 纳税人
  - 纳税范围
  - 计算与征收
- 企业所得税
  - 纳税人
  - 纳税范围
  - 计算与征收

配套测试

单项选择题

1. 一国有权对纳税人来源于世界范围内的所得进行征税的权力被称为（　　）。

A. 来源地税收管辖权　　B. 地域税收管辖权

C. 国家税收管辖权　　D. 居民税收管辖权

2. 为行使居民税收管辖权，我国以下列哪项作为确立法人居民身份的标准？（　　）

A. 法人总机构所在地　　B. 法人注册成立地

C. 实际控制和管理中心所在地　　D. 常设机构原则

3. 按照居民税收管辖权的国际惯例，自然人居民身份的一般判定标准不包括（　　）。

A. 住所标准　　B. 时间标准　　C. 意愿标准　　D. 籍贯标准

4. 关于国际税收合作上的 CRS（共同申报准则）体系，下列哪一说法是正确的？（　　）

A. 纳入信息交换的资产账户持有人应为外国国籍

B. 需要交换的资产信息包括所有保险合同

C. 个人投资海外的贵金属不需要申报

D. 个人金融账户金额在 25 万美元以下的无须进行信息交换

多项选择题

1. 一国税收管辖权包括哪几个组成部分？（　　）

A. 来源地税收管辖权　　B. 居民税收管辖权

C. 非居民税收管辖权　　D. 国民税收管辖权

2. 一国对非居民征税，仅限于来源于征税国（收入来源国）境内的所得，而对非居民的境外所得无权征税。非居民在收入来源国的所得，一般包括以下哪几项？（　　）

A. 营业所得　　B. 投资所得　　C. 个人劳务所得　　D. 财产所得

3. 中国和新加坡都接受了《金融账户信息自动交换标准》中的“共同申报准则”（CRS），定居在中国的王某在新加坡银行和保险机构均有账户，同时还在新加坡拥有房产和收藏品等，下列哪些判断是正确的？（　　）

A. 王某可以自己持有巴拿马护照为由，要求新加坡不向中国报送其在新加坡的金融账户信息

B. 如中国未提供正当理由，新加坡无须向中国报送王某的金融账户信息

C. 新加坡应向中国报送王某在特定保险机构的账户信息

D. 新加坡可不向中国报送王某在新加坡的房产和收藏品信息

名词解释

1. 税收来源地管辖权

2. 居民税收管辖权

3. 个人所得税

4. 企业所得税

简答题

各国税法实践中关于法人居民身份确认的标准主要有哪些？

论述题

1. 个人所得税的税基为什么需要进一步扩大？

2. 各国税法实践中关于自然人居民身份确认的标准主要有哪些？

第二十二章　国际重复征税与国际税法协定

基础知识图解

- 概念（与国际重叠征税的区别）
- 产生原因：税收管辖权的冲突
- 分类
  - 法律意义上
  - 经济意义上
- 国际税收协定
  - 双重征税协定历史发展
  - 双重征税协定内容
  - 与国内税法的关系

配套测试

单项选择题

1. 国际重复征税与国际重叠征税的区别主要体现在（　　）。

A. 征税主体不同　　B. 纳税主体不同　　C. 征税期间不同　　D. 征税对象不同

2. 两个或两个以上的国家对同一笔所得在具有某种经济联系的不同纳税人手中各征一次税的现象称为（　　）。

A. 国际逃税　　B. 国际避税　　C. 国际重复征税　　D. 国际重叠征税

3. 国际重复征税产生的根本原因在于有关国家税收管辖权的重叠冲突。而导致国际重复征税普遍存在的最主要的原因是下列哪项？（　　）

A. 居民税收管辖权与居民税收管辖权之间的冲突

B. 来源地税收管辖权与来源地税收管辖权之间的冲突

C. 居民税收管辖权和来源地税收管辖权之间的冲突

D. 居民税收管辖权与公民税收管辖权之间的冲突

多项选择题

国际税法的重要渊源是国际税收协定，下列有关国际税收协定表达正确的有（　　）。

A. 国际税收协定最典型的形式是“OECD 范本”和“联合国范本”

B. 一旦得到一国政府和立法机关的法律承认，国际税收协定的效力便高于国内税法

C. 国际税收协定直接制约主权国家调整修改税法

D. 实行税收无差别待遇是国际税收协定的基本内容之一

E. 国际税收协定是指仅由两个主权国家签订的税收条约

名词解释

1. 国际重复征税
2. 国际税收协定

简答题

1. 简述国际重复征税与国际重叠征税的区别。
2. 简述根据经合范本和联合国范本，各国是如何协调跨国营业所得征税权方面的冲突的。
3. 简述双重征税协定的主要内容。

第二十三章　跨国所得和财产价值课税冲突协调

基础知识图解

- 跨国营业所得征税权冲突
  - 协调原则：常设机构原则
  - 常设机构概念、范围
  - 可归于常设机构利润范围的确定
    - 引力原则
    - 有实际联系原则
- 跨国劳务所得征税权冲突
  - 协调原则：固定基地原则
  - 对有关特定人员跨国劳务所得征税规定
- 跨国投资所得征税权冲突协调
- 跨国不动产所得、财产收益及价值征税协调

配套测试

不定项选择题

1. 经合组织范本和联合国范本建议用以协调法人双重居民身份冲突的标准是（　　）。

A. 法人总机构所在国　　B. 法人实际管理机构所在国

C. 法人注册地所在国　　D. 法人的国籍所属国

2. 下列哪项是目前大多数税收协定中确定常设机构利润范围的原则？（　　）

A. 固定基地原则　　B. 引力原则

C. 实际联系原则　　D. 成本费用合理分摊原则

3. 在跨国独立劳务所得征税问题上，国际上普遍遵守的原则为（　　）。

A. 固定基地原则　　B. 引力原则

C. 实际联系原则　　D. 成本费用合理分摊原则

4. 目前各国对非居民营业所得的纳税普遍采用常设机构原则。关于该原则，下列哪些表述是正确的？（　　）

A. 仅对非居民纳税人通过在境内的常设机构获得的工商营业利润实行征税

B. 常设机构原则同样适用于有关居民的税收

C. 管理场所、分支机构、办事处、工厂、油井、采石场等属于常设机构

D. 常设机构必须满足公司实体的要求

名词解释

1. 常设机构

2. 有实际联系原则

3. 跨国劳务所得

4. 不动产所得

第二十四章　避免国际重复征税的方法

基础知识图解

免税方法：概念、优点、缺点

抵免法
- 直接抵免法
  - 分国限额抵免
  - 综合限额抵免
  - 专项限额抵免
- 间接抵免法

税收饶让抵免：概念、意义

配套测试

单项选择题

1. 在消除或缓解国际重复征税诸措施中，对跨国纳税人最有利的是（　　）。

A. 免税法　B. 抵免法　C. 扣除法　D. 减税法

2. 甲国 A 公司在某纳税年度内来自本国的应税所得为 100 万元，来自乙国的应税所得为 50 万元，甲、乙两国税率分别为 20% 和 40%，如甲国实行全额抵免制，A 公司向甲国应缴纳的所得税额是（　　）。

A. 10 万元　B. 30 万元　C. 20 万元　D. 15 万元

3. 居住国对本国居民纳税人已向来源国实际缴纳的税额以及对来源国为鼓励外国投资者而减免的那部分税额予以抵免，这被称为（　　）。

A. 外国税收歧视　B. 外国税收饶让　C. 外国税收抵免　D. 外国税收优惠

4. 国际税收中，彻底消除国际重复征税的办法是（　　）。

A. 免税法　B. 税收饶让　C. 直接抵免法　D. 间接抵免法

5. 股息收入国解决国际重叠征税的主要措施是采用（　　）。

A. 母子公司合并报税和间接抵免制　B. 双税率制和折算制

C. 间接抵免制和双税制　D. 母子公司合并报税和折算制

6. 适用于解决母子公司以下各层公司的重复征税的抵免方法称为（　　）。

A. 直接抵免方法　B. 间接抵免方法

C. 多层间接抵免方法　D. 单层间接抵免方法

多项选择题

1. 下列说法中正确的有（　　）。

A. 从维护国家主权的角度考虑，免税法是解决国际重复征税的最佳办法

B. 扣除法，是指居住国对居民纳税人征税时，允许从跨国所得额中扣除已向来源国缴纳的税款；其余额适用居住国所得税税率

C. 直接抵免法适用于解决国际重复征税，间接抵免法适用于解决国际重叠征税

D. 限额抵免法，是指居住国对居民纳税人在所得来源国已缴纳的税款所允许抵免的数额，仅限于取自来源国的所得按居住国的税法规定的税率计算的应纳税额

2. 避免或缓解国际重复征税的方法主要有下列哪几项？（　　）

A. 免税法　　B. 抵免法　　C. 扣除法　　D. 减税法

3. 下列关于税收饶让抵免的说法中，正确的是下列哪几项？（　　）

A. 税收饶让抵免有利于发展中国家实施对外资的税收优惠政策

B. 税收饶让抵免不影响纳税人居住国原有的税收权益

C. 税收饶让抵免是消除国际重复征税的有效方法之一

D. 税收饶让抵免增加了所得来源国的税收权益

4. 根据居住国采用抵免法允许纳税人抵免的已缴来源国税额是否有一定的限额限制，抵免法可分为（　　）。

A. 全额抵免法　　B. 直接抵免法

C. 间接抵免法　　D. 限额抵免法

E. 综合限额抵免法

名词解释

1. 免税方法

2. 抵免法

3. 税收饶让抵免

简答题

免税法作为避免双重征税方法的优点和缺点。

第二十五章　国际逃税与避税

基础知识图解

- 概念
- 国际逃税手段
  - 不报送纳税资料
  - 谎报所得和虚构扣除
  - 伪造账册和收付凭证
- 国际避税手段
  - 主体跨国移动
  - 征税对象跨国移动
  - 弱化股份投资
  - 滥用税收协定
- 国际逃税与避税区别
- 管制措施
  - 国内措施
  - 加强国际合作

配套测试

单项选择题

1. 各国针对转移定价所采用的反避税措施主要有（　　）。

A. 常设机构原则　　B. 正常交易原则　　C. 最密切联系原则　　D. 引力原则

2. 下列有关国际避税与反避税的表述中，错误的是（　　）。

A. 税收情报交换是进行国际反避税合作的主要内容

B. 不转移纳税主体的避税，是国际避税的基本方法之一

C. 转让定价税制的管辖对象是关联交易

D. 确认关联交易是整个转让定价税制的核心内容

3. 跨国纳税人利用避税港进行国际避税主要是通过在避税港设立下列哪种机构来实施国际避税？（　　）

A. 常设机构　　B. 固定基地　　C. 踏脚石传输公司　　D. 基地公司

4. 针对跨国联属企业利用转移定价来实施国际避税的行为，各国通常采用下列哪种原则来实行反避税？（　　）

A. 正常交易原则　　B. 固定基地原则　　C. 常设机构原则　　D. 引力原则

多项选择题

1. 跨国纳税人利用转移定价逃避国际税收的行为主要包括（　　）。

A. 先以低价出售给低税率国家的关联企业，再由该关联企业以高价出售给高税率国家的关联企业

B. 压低由低税率国家企业向高税率国家关联企业出售货物、提供劳务等的价格

C. 人为地增加跨国公司某一分支机构的成本与费用开支，从而减少该分支机构的盈利数额，达到逃避该机构所在国税收的目的

D. 提高由低税率国家企业向高税率国家关联企业出售货物、提供劳务等的价格

2. 各国管制纳税人国际逃税和避税的一般性法律措施包括（　　）。

A. 实行评估所得的征税　　B. 核定利润方式征税

C. 加强国际税务申报制度　　D. 强化对跨国交易活动的税务审查

E. 禁止非正常的利润转移

3. 跨国纳税人进行国际逃税的手段主要包括下列哪几项？（　　）

A. 跨国联属企业转移定价　　B. 套用税收协定

C. 虚构扣除　　D. 伪造账册

名词解释

1. 避税

2. 国际逃税

3. 转移定价

4. 资本弱化

5. 套用税收协定

6. 正常交易原则

7. 透视法

简答题

1. 简述管制国际逃税和避税的一般国内法措施。

2. 各国税法一般如何防止跨国联属企业利用转移定价进行国际避税？

3. 各国如何通过国际合作以防止国际逃税和国际避税？

论述题

试述跨国纳税人进行国际避税的主要方式。

第二十六章　国际经济争议解决法律制度概述

基础知识图解

- 争议种类、特点
- 解决方法
  - 司法方法
    - 管辖的确定
    - 诉讼程序
    - 裁判的执行
  - 非司法方法
    - ADR 法律特征
    - 表现方式
      - 协商
      - 调解
      - 仲裁

配套测试

名词解释

1. 国家之间的经济贸易争议

2. 司法方法

3. ADR

简答题

1. 简述解决不同国家国民之间的国际经济贸易争议的方式。

2. 简述我国法院对涉外民事案件的管辖。

第二十七章　国际商事仲裁

基础知识图解

- 概念、法律特征、种类
- 常设仲裁机构
  - 职能
  - 作用
- 仲裁协议
  - 概念、特征
  - 表现方式及内容
  - 效力
  - 独立性
- 仲裁程序

配套测试

单项选择题

1. 某国甲公司与中国乙公司订立买卖合同，概括性地约定有关争议由“中国贸仲”仲裁，也可以向法院起诉。后双方因违约责任产生争议。关于该争议的解决，依我国相关法律规定，下列哪一选项是正确的？（　　）

A. 违约责任不属于可仲裁的范围

B. 应认定合同已确定了仲裁机构

C. 仲裁协议因约定不明而在任何情况下无效

D. 如某国甲公司不服仲裁机构对仲裁协议效力作出的决定，向我国法院申请确认协议效力，我国法院可以受理

2. 中国和甲国均为《承认及执行外国仲裁裁决公约》① 缔约国。现甲国某申请人向中国法院申请承认和执行在甲国作出的一项仲裁裁决。对此，下列哪一选项是正确的？（　　）

A. 我国应对该裁决的承认与执行适用公约，因为该申请人具有公约缔约国国籍

B. 有关中国投资者与甲国政府间投资争端的仲裁裁决不适用公约

C. 中国有义务承认公约缔约国所有仲裁裁决的效力

D. 被执行人为中国法人的，应由该法人营业所所在地法院管辖

多项选择题

1. 中国于 1986 年 12 月 2 日正式加入《纽约公约》时，提出了两点保留（　　）。

---

① 以下简称《纽约公约》。

A. 互惠保留　　B. 最惠国待遇　　C. 商事保留　　D. 契约保留

2. 常设仲裁机构仲裁方式较有利于解决争端的主要原因是（　　）。

A. 常设仲裁庭在案件审理完毕后即自动解散，具有较强的灵活性

B. 各种规则均适用于常设仲裁庭

C. 常设仲裁机构能为争端当事人提供进行仲裁的必要条件

D. 常设仲裁机构能促成作出裁决并能作出裁决是否具有最终约束力的技术鉴定

E. 常设仲裁机构可以通过原先积累的同类案件对有关仲裁员进行指导

3. 中国 A 公司与甲国 B 公司签订货物买卖合同，约定合同争议提交中国 C 仲裁委员会仲裁，仲裁地在中国，但对仲裁条款应适用的法律未作约定。后因货物质量问题双方发生纠纷，中国 A 公司依仲裁条款向 C 仲裁委提起仲裁，但 B 公司主张仲裁条款无效。根据我国相关法律规定，关于本案仲裁条款的效力审查问题，下列哪些判断是正确的？（　　）

A. 对本案仲裁条款的效力，C 仲裁委无权认定，只有中国法院有权审查

B. 对本案仲裁条款的效力，如 A 公司请求 C 仲裁委作出决定，B 公司请求中国法院作出裁定的，由中国法院裁定

C. 对本案仲裁条款效力的审查，应适用中国法

D. 对本案仲裁条款效力的审查，应适用甲国法

4. 中国甲公司与外国乙公司在合同中约定，合同争议提交中国国际经济贸易仲裁委员会仲裁，仲裁地在北京。双方未约定仲裁规则及仲裁协议适用的法律。对此，下列哪些选项是正确的？（　　）

A. 如当事人对仲裁协议效力有争议，提请所选仲裁机构解决的，应在首次开庭前书面提出

B. 如当事人将仲裁协议效力的争议诉至中国法院，应适用中国法

C. 如仲裁协议有效，应适用中国国际经济贸易仲裁委员会的仲裁规则仲裁

D. 如仲裁协议有效，仲裁中申请人可申请更改仲裁请求，仲裁庭不能拒绝

名词解释

1. 国际商事仲裁

2. 常设仲裁机构

3. 无国籍裁决

4. 中间裁决

简答题

国际商事仲裁协议的特性。

论述题

论海运提单中仲裁条款的效力。

第二十八章　世界贸易组织的争议解决机制

基础知识图解

- 起源与发展
- 主要内容
  - 必经磋商程序
  - 专家组审理程序
  - 上诉机构审理程序
    - 常设机构
    - 只审法律问题
    - “反向一致”通过原则
  - 仲裁及其他程序
- 执行专家组或上诉机构裁定的监督程序（授权报复）
- WTO 争议解决机制特点
  - 实行统一解决机制
  - 建立专门争议解决机构
  - 采自动通过决策程序
  - 增加了监督程序

配套测试

单项选择题

1. 下列关于世界贸易组织决策制度的说法中正确的有（　　）。

A. 世界贸易组织的每一参加方享有一票投票权

B. 在例外情况下，世界贸易组织的常务理事会有权决定豁免某一项协议成员方、参加方或任何单项贸易协议成员方的责任

C. 世界贸易组织采用协商一致或一致同意的决策方式，而不采用投票表决的决策制度

D. 世界贸易组织采用加权表决制

2. 为了进一步强化 GATT 的争端解决机制，乌拉圭回合谈判全面和彻底地对 GATT 争端解决规则和程序作了改进，并最终形成了（　　）。

A.《关于争端解决规则与程序的谅解》　　B.《建立世界贸易组织协议》

C.《与贸易有关的知识产权协议》　　D.《服务贸易协议》

3. 世界贸易组织争端解决机制的核心程序是（　　）。

A. 补偿与减让的中止以及交叉报复程序　　B. 斡旋、调解与调停程序

C. 上诉审查程序　　D. 专家小组程序

4. 甲、乙两国均为世界贸易组织成员，甲国对乙国出口商向甲国出口轮胎征收高额反倾销税，

使乙国轮胎出口企业损失严重。乙国政府为此向世界贸易组织提出申诉，经专家组和上诉机构审理胜诉。下列哪一选项是正确的？（　　）

A. 如甲国不履行世贸组织的裁决，乙国可申请强制执行

B. 如甲国不履行世贸组织的裁决，乙国只可在轮胎的范围内实施报复

C. 如甲国不履行世贸组织的裁决，乙国可向争端解决机构申请授权报复

D. 上诉机构只有在对该案的法律和事实问题进行全面审查后才能作出裁决

5. 关于中国与世界贸易组织的相关表述，下列哪一选项是不正确的？（　　）

A. 世界贸易组织成员包括加入世界贸易组织的各国政府和单独关税区政府，中国香港、澳门特别行政区是世界贸易组织的成员

B.《政府采购协议》属于世界贸易组织法律体系中诸边贸易协议，该协议对于中国在内的所有成员均有约束力

C.《中国加入世界贸易组织议定书》中特别规定了针对中国产品的特定产品的过渡性保障措施机制

D.《关于争端解决规则与程序的谅解》在世界贸易组织框架下建立了统一的多边贸易争端解决机制

6. 关于中国在世贸组织中的权利义务，下列哪一表述是正确的？（　　）

A. 承诺入世后所有中国企业都有权进行货物进出口，包括国家专营商品

B. 对中国产品的出口，进口成员在进行反倾销调查时选择替代国价格的做法，在《中国加入世界贸易组织议定书》生效15年后终止

C. 非专向补贴不受世界贸易组织多边贸易体制的约束，包括中国对所有国有企业的补贴

D. 针对中国产品的过渡性保障措施，在实施条件上与保障措施的要求基本相同，在实施程序上相对简便

7. 甲、乙均为世界贸易组织成员方。乙称甲关于影像制品的进口管制违反国民待遇原则，为此向世界贸易组织提出申诉，并经专家组和上诉机构审理。对此，下列哪一选项是正确的？（　　）

A. 甲、乙磋商阶段达成的谅解协议，可被用于后续争端解决审理

B. 专家组可对未在申请书中指明的诉求予以审查

C. 上诉机构可将案件发回专家组重审

D. 上诉案件由上诉机构7名成员中3人组成上诉庭审理

8. 关于世界贸易组织争端解决机制的表述，下列哪一选项是不正确的？（　　）

A. 磋商是争端双方解决争议的必经程序

B. 上诉机构为世界贸易组织争端解决机制中的常设机构

C. 如败诉方不遵守争端解决机构的裁决，申诉方可自行采取中止减让或中止其他义务的措施

D. 申诉方在实施报复时，中止减让或中止其他义务的程度和范围应与其所受到的损害相当

多项选择题

1. 下列哪些表述反映了世界贸易组织争端解决机制的特点？（　　）

A. 其涉及的范围仅限于货物贸易争端

B. 该制度规定了严格的程序上的时间限制

C. 建立了反向协商一致的原则

D. 其涉及的范围不仅限于货物贸易，还包括服务贸易、与贸易有关的投资措施、与贸易有关的知识产权保护等争端

2. 根据《建立世界贸易组织协定》，世界贸易组织的宗旨是（　　）。

A. 根据互惠和互利的安排，切实降低关税和其他贸易壁垒，并在国际贸易关系上消除歧视性

待遇

B. 确保发展中国家，尤其是最不发达国家能够获得与其国际贸易额的增长需要相适应的经济发展

C. 促进国际货币的合作以及汇率的稳定

D. 建立完整的、更具活力的、永久性多边贸易体系

3. 世界贸易组织的基本原则包括（　　）。

A. 透明度原则　　B. 最惠国待遇原则　　C. 自由贸易原则　　D. 国民待遇原则

4. 下列选项中属于世界贸易组织成员之间贸易争端解决方法的有（　　）。

A. 上诉复审　　B. 交叉报复　　C. 磋商　　D. 斡旋、调解和调停

5. 关于世界贸易组织争端解决机制中的斡旋、调解与调停程序，下列说法中正确的有（　　）。

A. 该程序是秘密进行的，并不受时间限制

B. 专家小组无权进行斡旋、调解与调停

C. WTO 的总干事可以依其职权开展斡旋、调解与调停

D. 该程序是强制性的必经程序

6. 世界贸易组织争端解决机构受理成员之间在世界贸易组织成立以后，基于下列哪些协议产生的争端？（　　）

A. 建立世界贸易组织协议

B. 多边贸易协议的附件 1A、附件 1B、附件 1C、附件 2

C. 若干单项多边贸易协议

D. 联合国国际货物买卖合同公约

7. 关于世界贸易组织争端解决机构中的上诉机构，下列哪些选项是正确的？（　　）

A. 上诉机构为常设机构

B. 上诉机构审查被提起上诉的专家组报告中的法律问题

C. 上诉机构可以推翻专家组对有关事实的认定

D. 上诉机构作出的报告争端各方应无条件接受

8. 甲、乙、丙三国均为世界贸易组织成员，甲国对进口的某类药品征收 8%的国内税，而同类国产药品的国内税为 6%。针对甲国的规定，乙、丙两国向世界贸易组织提出申诉，经裁决甲国败诉，但其拒不执行。依世界贸易组织的相关规则，下列哪些选项是正确的？（　　）

A. 甲国的行为违反了国民待遇原则

B. 乙、丙两国可向上诉机构申请强制执行

C. 乙、丙两国经授权可以对甲国采取中止减让的报复措施

D. 乙、丙两国的报复措施只限于在同种产品上使用

9. 甲国某公司在乙国销售进口药品，开设了十多家药店，后某公司发现乙国对其销售的某类进口药品征收比国产同类药品更高的国内税。甲、乙两国都是 WTO 成员，根据 WTO 相关规则，下列哪些判断是正确的？（　　）

A. 为保护本国医药业，乙国有权对进口药品征收更高的国内税

B. 某公司应就其在乙国的营业所得向乙国纳税

C. 乙国违反了最惠国待遇原则

D. 乙国违反了国民待遇原则

不定项选择题

1. 甲、乙二国均为世贸组织成员方，乙国称甲国实施的保障措施违反非歧视原则，并将争端

提交世贸组织争端解决机构。对此，下列哪一选项是正确的？(　　)

A. 对于乙国没有提出的主张，专家组仍可因其相关性而作出裁定

B. 甲、乙二国在解决争端时必须经过磋商、仲裁和调解程序

C. 争端解决机构在通过争端解决报告上采用的是“反向一致”原则

D. 如甲国拒绝履行上诉机构的裁决，乙国可向争端解决机构上诉

2. 甲、乙、丙三国为世界贸易组织成员，丁国不是该组织成员。关于甲国对进口立式空调和中央空调的进口关税问题，根据《关税与贸易总协定》，下列违反最惠国待遇的做法是：(　　)。

A. 甲国给予来自乙国的立式空调和丙国的中央空调以不同的关税

B. 甲国给予来自乙国和丁国的立式空调以不同的进口关税

C. 因实施反倾销措施，导致从乙国进口的立式空调的关税高于从丙国进口的

D. 甲国给予来自乙、丙两国的立式空调以不同的关税

名词解释

1. DSB

2. 全体一致否认

简答题

1. 简述世贸组织的争端解决机制。

2. WTO 争端解决机制的特点。

论述题

1. 试述《关税与贸易总协定》争端解决的程序和争端解决机制在实践中的缺陷。

2. 评述 ICSID 与 WTO 争议解决机制。

第二十九章　国家与他国国民间投资争议的解决

基础知识图解

- 概念
- 特点
- 解决方法
  - 谈判
  - 寻求东道国救济
  - 通过外交途径
  - 国际仲裁
- 解决投资争端国际中心
  - 法律地位
  - 行使管辖权要件
    - 当事人资格
    - 双方同意
    - 法律性质
  - 仲裁程序
    - 申请
    - 组成仲裁庭
    - 审理
    - 作出裁决
    - 裁决的撤销
    - 裁决的承认与执行

配套测试

单项选择题

1. 提交“解决投资争端国际中心”调停或仲裁的争端，必须是什么性质的法律争端？（　　）

A. 和投资有关的　　B. 直接由于投资引起的

C. 投资引起的　　D. 包括由和投资有关的国际贸易引起的

2. 1965 年《关于解决国家和他国国民之间投资争端公约》简称为（　　）。

A. 纽约公约　　B. 汉城公约　　C. 华盛顿公约　　D. 海牙公约

3. 1965 年《关于解决国家和他国国民之间投资争端公约》是在（　　）主持下制定的，根据公约设立了“解决投资争端国际中心”。

A. 国际货币基金组织　　B. 国际清算银行

C. 世界银行　　D. 联合国国际贸易法委员会

4. 下列哪个不是国家与他国国民之间投资争议的解决方法？（　　）

A. 谈判协商　　B. 东道国救济　　C. 提交国际法院　　D. 外交途径

5. 甲、乙均为《关于解决国家和他国国民之间投资争端公约》缔约国。甲国 A 公司拟将与乙的争端提交根据该公约成立的解决国际投资争端中心。对此，下列哪一选项是不正确的？（　　）

A. 该中心可根据 A 公司的单方申请对该争端行使管辖权

B. 该中心对该争端行使管辖权，须以 A 公司和乙书面同意为条件

C. 如乙没有特别规定，该中心对争端享有管辖权不以用尽当地救济为条件

D. 该中心对该争端行使管辖权后，可依争端双方同意的法律规则作出裁决

不定项选择题

1. 对国际投资争端，可采取的解决方式有（　　）。

A. 仲裁　　B. 司法诉讼　　C. 协商　　D. 调解

2. “解决投资争端国际中心”仲裁案件所适用的法律有（　　）。

A. 双方当事人选择的法律

B. 适用争端一方缔约国的法律（不包括冲突规范）

C. 适用国际法规则

D. 适用争端一方缔约国的法律（包括冲突规范）

3. 依照 1965 年《关于解决国家和他国国民之间投资争端公约》关于 ICSID 管辖权的规定，有关将案件提交中心调解或仲裁必须具备的要件有（　　）。

A. 争议当事人的一方必须是缔约国国家，他方是另一缔约国国民

B. 必须是直接产生于投资的法律争议

C. 双方当事人必须书面同意将争议提交中心管辖

D. 参加该公约的成员国意味着其自动接受中心的强制管辖

4. 根据《关于解决国家和他国国民之间投资争端公约》，有关争议提交 ICSID 管辖时，下列说法正确的有（　　）。

A. 提交 ICSID 管辖的争议必须采取仲裁的方式

B. ICSID 仲裁时只能适用东道国法律

C. ICSID 的仲裁裁决是终局的

D. ICSID 的仲裁裁决不仅约束当事人双方而且对所有缔约国都有约束力

5. 依据《关于解决国家和他国国民之间投资争端公约》建立的“解决投资争端国际中心”，对下列哪一争端事项具有管辖权？（　　）

A. 缔约国和另一缔约国因直接投资而产生的法律争端，并经双方书面同意提交中心

B. 缔约国和另一缔约国国民因直接投资而产生的法律争端，并经双方口头同意提交中心

C. 缔约国和另一缔约国国民因直接投资而产生的法律争端，并经双方书面同意提交中心

D. 缔约国和另一缔约国国民因间接投资而产生的法律争端，并经双方书面同意提交中心

6.《关于解决国家和他国国民之间投资争端公约》和依其设立的解决国际投资争端中心，下列哪些说法是正确的？（　　）

A. 中心管辖直接因投资引起的法律争端

B. 中心管辖的争端必须是关于法律权利或义务的存在或其范围，或是关于因违反法律义务而实行赔偿的性质或限度的

C. 批准或加入公约本身并不等于缔约国承担了将某一特定投资争端提交中心调解或仲裁的义务

D. 中心的裁决对争端各方均具有约束力

名词解释

解决投资争端国际中心

论述题

国际投资争议的解决方法。

综合测试题一

单项选择题（共10题，每题2分，共20分）

1. 国际经济法中的首要基本规范是（　　）。

A. 经济主权原则　　B. 公平互利原则　　C. 全球合作原则　　D. 有约必守原则

2. 关于C组贸易术语，下列选项哪个是正确的？（　　）

A. 在CFR术语下，货物的风险是在装运港船上转移

B. CIF是在目的港船上交货

C. CIP是在装运港船上交货

D. 在CFR术语下，货物的风险是在目的港交付时转移

3. 承运人在收取货物以后，签发的载明船名及装船日期的提单被称为（　　）。

A. 收货待运提单　　B. 备运提单　　C. 已装船提单　　D. 不清洁提单

4. 根据《海牙规则》，下列事项中承运人不可以免责的包括（　　）。

A. 承运的茶叶由于本身湿度过大而发生的霉变

B. 承运人为了多装货，下令将船上救火设施全部拆除，不料途中船舶失火造成的货物损失

C. 在航行途中，船长超速驾驶，船舶触礁沉没造成的货物灭失

D. 不论何种原因引起的局部或全面罢工或停工而造成的货物损失

5. 在国际税法上，下列哪项税收管辖的原则已经得到广泛的承认？（　　）

A. 公民税收管辖权　　B. 居民税收管辖权

C. 收入来源地税收管辖权　　D. 国家领域管辖权

6. 根据世界贸易组织《服务贸易总协定》，下列哪一选项是正确的？（　　）

A. 协定适用于成员方的政府服务采购

B. 中国公民接受国外某银行在中国分支机构的服务属于协定中的境外消费

C. 协定中的最惠国待遇只适用于服务产品而不适用于服务提供者

D. 协定中的国民待遇义务，仅限于列入承诺表的部门

7. 我国G公司与荷兰H公司正就签订一项商务合同进行谈判。针对该合同可能产生的争议，H公司提出，如发生争议应尽量协商调解解决，不成再提请仲裁或进行诉讼。在决定如何回应此方案之前，G公司向其律师请教。该律师关于涉外民商事纠纷调解的下列哪一表述是错误的？（　　）

A. 调解是由第三人介入的争议解决方式

B. 当事人双方在调解人的斡旋下达成的和解协议不具有强制执行的效力

C. 在涉外仲裁程序中进行的调解，仲裁庭无须先行确定双方当事人对调解的一致同意即可直接主持调解

D. 在涉外诉讼中，法官也可以对有关纠纷进行调解

8. 应国内化工产业的申请，中国商务部对来自甲国的某化工产品进行了反倾销调查。依《反倾销条例》，下列哪一选项是正确的？（　　）

A. 商务部的调查只能限于中国境内

B. 反倾销税税额不应超过终裁确定的倾销幅度

C. 甲国某化工产品的出口经营者必须接受商务部有关价格承诺的建议

D. 针对甲国某化工产品的反倾销税征收期限为5年，不得延长

9. 根据《巴黎公约》，关于优先权，下列哪一选项是正确的？(　　)

A. 优先权的获得需要申请人于“在后申请”中提出优先权申请并提供有关证明文件

B. 所有的工业产权均享有相同期间的优先权

C. “在先申请”撤回，“在后申请”的优先权地位随之丧失

D. “在先申请”被驳回，“在后申请”的优先权地位随之丧失

10. 依据《最高人民法院关于审理信用证纠纷案件若干问题的规定》，出现下列哪一情况时，不能再通过司法手段干预信用证项下的付款行为？(　　)

A. 开证行的授权人已对信用证项下票据善意地作出了承兑

B. 受益人交付的货物无价值

C. 受益人和开证申请人串通提交假单据

D. 受益人提交记载内容虚假的单据

多项选择题（共13题，每题2分，共26分）

1. 下列关于国际经济法的各项陈述，哪些是正确的？(　　)

A. 国际商业惯例是在长期的国际经济交往中经过反复使用而形成的成文规则

B. 国际经济条约是国家及国际经济组织为确定其相互之间的权利义务所达成的书面协议

C. 国际经济法的基本原则是指被国际社会公认的，对国际经济法的各个领域都具有普遍指导意义的原则

D. 国际经济法主体是指在国际关系中能行使权利和承担义务的法律人格者

2. 根据《联合国国际货物销售合同公约》有关规定，在卖方有义务移交与货物有关的单据的情况下，关于卖方的此项义务，下列哪些选项是正确的？(　　)

A. 卖方必须在规定的时间移交

B. 如卖方在规定的时间前移交，可以在该时间到达前纠正其中不符合同规定的情形

C. 卖方行使纠正单据的权利使买方承担不合理开支的，买方有权要求赔偿

D. 卖方在不使买方承担不合理开支的情况下，可以改变移交单据的地点和方式

3. 根据《反倾销条例》，在反倾销案件的调查过程中，出现何种情形时，应当由商务部发出公告，终止反倾销调查？(　　)

A. 没有足够证据证明存在倾销、损害的

B. 倾销幅度低于2%的

C. 倾销进口产品实际或者潜在的进口量或者损害属于可忽略不计的

D. 申请人撤回申请的

4. 中国加入世界贸易组织的条件规定在《中国加入世界贸易组织议定书》及其附件中。对此，下列哪些选项是正确的？(　　)

A. 该议定书及其附件构成世界贸易组织协定的一部分

B. 中国只根据该议定书及其附件承担义务

C. 该议定书规定了特定产品过渡性保障机制

D. 中国与其他成员在加入谈判中作出的具体承诺，不构成该议定书的组成部分

5. 甲公司的营业所在甲国，乙公司的营业所在中国，甲国和中国均为《联合国国际货物销售合同公约》的当事国。甲公司将一批货物卖给乙公司，该批货物通过海运运输。货物运输途中，乙公司将货物转卖给了中国丙公司。根据该公约，下列哪些选项是正确的？(　　)

A. 甲公司出售的货物，必须是第三方依中国知识产权不能主张任何权利的货物

B. 甲公司出售的货物，必须是第三方依中国或者甲国知识产权均不能主张任何权利的货物

C. 乙公司转售的货物，自双方合同成立时风险转移

D. 乙公司转售的货物，自乙公司向丙公司交付时风险转移

6. 在一国际贷款中，甲银行向贷款银行乙出具了备用信用证，后借款人丙公司称贷款协议无效，拒绝履约。乙银行向甲银行出示了丙公司的违约证明，要求甲银行付款。依相关规则，下列哪些选项是正确的？（　　）

A. 甲银行必须对违约的事实进行审查后才能向乙银行付款

B. 备用信用证与商业跟单信用证适用相同的国际惯例

C. 备用信用证独立于乙银行与丙公司的国际贷款协议

D. 即使该国际贷款协议无效，甲银行仍须承担保证责任

7. 我国甲公司与瑞士乙公司订立仲裁协议，约定由某地仲裁机构仲裁，但约定的仲裁机构名称不准确。根据《最高人民法院关于适用〈中华人民共和国仲裁法〉若干问题的解释》，下列哪些选项是正确的？（　　）

A. 仲裁机构名称不准确，但能确定具体的仲裁机构的，应认定选定了仲裁机构

B. 如仲裁协议约定的仲裁地仅有一个仲裁机构，该仲裁机构应视为约定的仲裁机构

C. 如仲裁协议约定的仲裁地有两个仲裁机构，成立较早的仲裁机构应视为约定的仲裁机构

D. 仲裁协议仅约定纠纷适用的仲裁规则的，不得视为约定了仲裁机构

8. 甲公司向乙公司出口一批货物，由丙公司承运，投保了中国人民保险公司的平安险。在装运港装卸时，一包货物落入海中。海运途中，因船长过失触礁造成货物部分损失。货物最后延迟到达目的港。依《海牙规则》及国际海洋运输保险实践，关于相关损失的赔偿，下列哪些选项是正确的？（　　）

A. 对装卸过程中的货物损失，保险人应承担赔偿责任

B. 对船长驾船过失导致的货物损失，保险人应承担赔偿责任

C. 对运输延迟造成的损失，保险人应承担赔偿责任

D. 对船长驾船过失导致的货物损失，承运人可以免责

9. 中国甲公司与某国农业公司签订了进口一批羊毛的货物买卖合同，合同约定有关合同的一切争议适用中国法，此批货物由马来西亚“马莱”号承运，并投保了一切险。“马莱”号在太平洋公海航行时与巴拿马籍货轮“那玛”号相撞，“马莱”号船长为了避免该货轮沉没采取了自愿搁浅的措施，“马莱”号在救助人的帮助下进入了避难港，经修理继续航行到中国目的港。但在途中遭遇暴风雨，使部分羊毛受损。问：下列关于一切险正确的是（　　）。

A. “马莱”号自愿搁浅的损失应赔

B. 因暴风雨使羊毛湿损应赔

C. 一切险包括外来原因所致的部分损失

D. 一切险包括外来原因所致的全损

10. 在国际税法中，对于法人居民身份的认定各国有不同标准。下列哪些属于判断法人纳税居民身份的标准？（　　）

A. 依法人的注册成立地判断

B. 依法人的股东在征税国境内停留的时间判断

C. 依法人的总机构所在地判断

D. 依法人的实际控制与管理中心所在地判断

11. 中国甲公司发现有假冒某商标的货物通过海关进口。依我国相关法律规定，甲公司可以采取下列哪些措施？（　　）

A. 甲公司可向海关提出采取知识产权保护措施的备案申请
B. 甲公司可要求海关将涉嫌侵犯某商标权的标记移除后再进口
C. 甲公司可向货物进出境地海关提出扣留涉嫌侵权货物的申请
D. 甲公司在向海关提出采取保护措施的申请后，可在起诉前就被扣留的涉嫌侵权货物向法院申请采取责令停止侵权行为的措施

12. 国际税收协定的内容主要包括（　　）。
A. 协定的适用范围　　B. 避免国际重复征税的措施
C. 对各项所得的课税安排　　D. 防止国际逃避税的措施

13. 关于国际投资法相关条约，下列哪些表述是正确的？（　　）
A. 依《关于解决国家和他国国民之间投资争端公约》，投资争端应由双方书面同意提交给投资争端国际中心，当双方表示同意后，任何一方不得单方面撤销
B. 依《多边投资担保机构公约》，多边投资担保机构只对向发展中国家领土内的投资予以担保
C. 依《与贸易有关的投资措施协议》，要求企业购买或使用最低比例的当地产品属于协议禁止使用的措施
D. 依《与贸易有关的投资措施协议》，限制外国投资者投资国内公司的投资比例属于协议禁止使用的措施

不定项选择题（共4题，每题3分，共12分）

1. 2010年5月2日，中国一进出口公司甲公司电告日本一商贸公司乙株式会社，欲以CIF条件向日方出口一批丝绸，总价款为100万美元，乙株式会社于5月4日回电答应中方提出的要求。随后，甲公司将货物运至上海港，交由中国的远洋运输公司承运。由于船员的疏忽，5月10日船上发生火灾，甲公司托运的一个集装箱被火焚毁。在本案中，货物风险在哪一时刻由卖方转移给买方？（　　）
A. 在甲公司将货物交付远洋运输公司时　　B. 在上海港自货物装上船时
C. 在横滨港自货物越过船舷时　　D. 在甲公司将货物运至上海港码头时

2. 中国甲公司进口一批日产空调，合同规定以信用证支付。甲公司开出的信用证规定装船期限为7月10日至7月20日，由承运人所属的“SALA”号货轮承运上述货物。“SALA”号在装货港外锚地因遇大风走锚与另外一艘在锚地待泊的油轮相撞，使“SALA”号不能如期装货。“SALA”号最后于8月15日完成装货，船长在接受了托运人出具的保函的情况下签发了与信用证一致的提单，并办理了结汇。由于船舶延迟到港错过了空调的销售季节，给甲公司造成了很大损失。甲公司为此向承运人提出了索赔要求，下列关于承运人责任的选项哪个是正确的？（　　）
A. 延迟装货是因为不可抗力，因此承运人对延迟不负责任
B. 承运人的行为是倒签提单，承运人应对此承担责任
C. 承运人倒签提单是应托运人的要求，因此不应承担任何责任
D. 承运人的行为是预借提单，承运人应对此承担责任

3. 根据我国《反倾销条例》规定，倾销进口产品的出口经营者在反倾销调查期间，可向商务部作出改变价格或停止以倾销价格出口的价格承诺。有关价格承诺的规定，下列哪一选项是正确的？（　　）
A. 商务部可以向出口经营者提出价格承诺的建议
B. 商务部在对倾销及其损害作出肯定的初步裁定之前可以寻求或接受价格承诺
C. 对出口经营者作出的价格承诺，商务部应予接受

D. 出口经营者违反其价格承诺的，商务部可以采取保障措施

4. 和《巴黎公约》相比，《与贸易有关的知识产权协议》在哪些方面提高了对驰名商标的特殊保护？（　　）

A. 规定驰名商标的认定不以注册为前提，使用亦可成为认定的依据

B. 规定驰名商标的特殊保护原则可以扩大适用于服务标记

C. 将驰名商标特殊保护的规定比照适用于与该商标核准使用的商品或服务不相类似的商品或服务

D. 规定对以不诚实手段取得注册或使用的商标提出取消注册或禁止使用的要求的，不应规定时间限制

简答题（共3题，每题3分，共9分）

1. 简述我国《对外贸易法》对国际货物买卖新规定的管制措施。

2. 简述税收饶让抵免的概念及其与一般的外国税收抵免的主要区别。

3. TRIPs 协议关于版权保护的主要规定。

论述题（共3题，每题5分，共15分）

1. 试比较《海牙规则》《维斯比规则》和《汉堡规则》在承运人的责任基础、责任期间、责任限额、免责等方面的不同规定。

2. 如何适用《联合国国际货物销售合同公约》中的损害赔偿救济？

3. 如何理解国际技术许可合同中的限制性条款？

案例分析题（共2题，第1题6分，第2题12分，共18分）

1. 某国A公司与中国B公司签订了一份买卖合同，合同约定某国A公司向中国B公司出售一批机床。在订立合同时，中国B公司明确告诉某国A公司：这批机床将转口土耳其并在土耳其使用。合同签订后，在履行过程中，由于种种原因，这批机床并未按原计划转口到土耳其，而是转口到了意大利。当这批机床运达意大利之后，一位意大利生产商发现该批机床的制造工艺侵犯了其两项专利权，故根据其本国专利法向当地法院提出请求，要求法院禁止这批机床在意大利境内使用或销售，同时要求损害赔偿，后据调查，这批机床确实侵犯了意大利生产商的两项专利，这两项专利均是在意大利批准注册的。当中国B公司找到某国A公司，要求后者承担违约责任时，某国A公司以其在订立合同时并不知道该批机床将转口意大利为由，拒绝承担违约责任。双方因此产生争议。

问：（1）某国A公司拒绝承担违约责任是否有理由？为什么？

（2）假设该批机床按原计划转口土耳其并在土耳其境内使用，土耳其生产商根据其本国相关法律，向法院提起诉讼，经法院调查证实，该批机床确实侵犯了土耳其生产商的专利权，中国B公司是否有权要求某国A公司承担违约责任？为什么？

2. 山东一家进出口公司和某外国公司订立了进口尿素5000吨的合同，依合同约定我方开出以该外国公司为受益人的不可撤销的跟单信用证，总金额为148万美元。双方约定如发生争议则提请北京中国国际经济贸易仲裁委员会仲裁。货物装船后，该外国公司持提单在银行支付了货款。货到青岛后，我进出口公司发现尿素有严重质量问题，立即请商检机关进行了检验，证实该批尿素是毫无实用价值的废品。我进出口公司持商检证明要求银行追回已付款项，否则将拒绝向银行支付货款。

问：(1) 银行是否应追回已付货款，为什么？

(2) 我进出口公司是否有权拒绝向银行付款？为什么？

(3) 中国国际经济贸易仲裁委员会是否有权受理此案？依据是什么？

(4) 我进出口公司应如何保护自己的利益？

综合测试题二

单项选择题（共8题，每题3分，共24分）

1. 下列关于国际经济法的调整对象的描述，哪项是正确的？（　　）

A. 只调整国家间的经济关系

B. 只调整国际组织间的经济关系

C. 只调整个人、法人之间的跨国经济关系

D. 调整国家、国际组织、不同国家的法人与个人之间的经济关系

2. 下列关于《联合国国际货物销售合同公约》的说法中，哪一项正确？（　　）

A. 公约适用于具有不同国籍或营业地位于不同国家的当事人之间的国际货物销售合同

B. 公约不涉及国际货物买卖合同中货物的所有权问题和因货物造成的人身伤亡的责任问题

C. 公约不适用于那些提供劳务或服务的合同

D. 当事人可以通过选择其他法律来排除公约的适用，也可以对公约的内容进行改变，除非存在其所在国的相关保留

3. 甲国公司（卖方）与乙国公司（买方）订立了国际货物买卖合同，FOB价格条件，采用海上运输方式。甲、乙两国均为《联合国国际货物销售合同公约》缔约国，下列哪一选项是正确的？（　　）

A. 货物的风险应自货物交第一承运人时转移

B. 因当事人已选择了贸易术语，《联合国国际货物销售合同公约》整体不再适用该合同

C. 甲国公司应在装运港于约定日期或期限内将货物交至船上

D. 甲国公司在订立运输合同并装船后应及时通知乙国公司办理保险

4. 关于海上货物运输中的迟延交货责任，下列哪一项表述是正确的？（　　）

A.《海牙规则》明确规定承运人对迟延交付可以免责

B.《维斯比规则》明确规定了承运人迟延交付的责任

C.《汉堡规则》只规定了未在约定时间内交付为迟延交付

D.《汉堡规则》规定迟延交付的赔偿为迟交货物运费的2.5倍，但不应超过应付运费的总额

5. 某公司A从国外进口一批钢坯，以集装箱运输，装箱单及提单上均载明为21箱。货交甲船运输后，由于市场行情的变化，A公司将货物转售给B公司，双方签订买卖合同时，A公司向B公司背书交付了提单等各项单据。待船到目的港，B公司持单提货时，发现货物只有20箱。B公司要求甲船偿付漏装一箱的货款，船方经仔细审查，发现在大副记载的有关日志中，写明实际收货20箱。对此，船公司提出抗辩，拒绝承担赔偿责任。那么，缺失的一箱货物损失由谁承担？（　　）

A. B公司　　B. A公司　　C. 甲船公司　　D. A、B公司共同承担

6. 在国际货物买卖中，当事人所采取的支付方式与国内货物买卖中的当事人所采取的支付方式有很大的不同，下列支付方式中，不属于国际货物买卖当事人常用的是（　　）。

A. 汇付　　B. 即时付款　　C. 托收　　D. 信用证付款

7. 甲公司与乙公司签订了出口200吨农产品的合同，付款采用托收方式。船长签发了清洁提单。货到目的港后经检验发现货物质量与合同约定不符，乙公司拒绝付款提货，并要求减价。后

该批农产品全部变质。根据国际商会《跟单托收统一规则》，下列哪一选项是正确的？（　　）

A. 如代收行未执行托收行的指示，托收行应对因此造成的损失对甲公司承担责任

B. 当乙公司拒付时，代收行应当主动制作拒绝证书，以便收款人追索

C. 代收行应无延误地向托收行通知乙公司拒绝付款的情况

D. 当乙公司拒绝提货时，代收行应当主动提货以减少损失

8. 中国某公司进口了一批皮制品，信用证方式支付，以海运方式运输并投保了一切险。中国收货人持正本提单提货时发现货物已被他人提走。依相关司法解释和国际惯例，下列哪一选项是正确的？（　　）

A. 承运人应赔偿收货人因其无单放货造成的货物成本加利润损失

B. 因该批货物已投保一切险，故保险人应对货主赔偿无单放货造成的损失

C. 因货物已放予他人，收货人不再需要向卖方支付信用证项下的货款

D. 如交单人提交的单证符合信用证的要求，银行即应付款

多项选择题（共 8 题，每题 3 分，共 24 分）

1. 关于世界贸易组织争端解决机构裁定和建议的实施，下列选项中正确的有哪些？（　　）

A. 被裁定违反了有关协议的一方，应在合理时间内履行争端解决机构的裁定和建议

B. 如果被诉方在合理期限内，没有履行裁定和建议，原申诉方可以经争端解决机构授权报复，对被诉方中止减让关税或中止其他义务

C. 申诉方在实施报复时中止减让关税或其他义务的水平和范围，应与受到的损害相当

D. 申诉方在实施报复时可依其自由裁量中止减让关税或其他义务的水平和范围

2. 下列哪些方法属于跨国公司进行国际避税常用的方法？（　　）

A. 匿报应税财产和收入　　B. 利用避税港设立基地公司

C. 不合理地分摊成本和费用　　D. 转移定价

3. 各国税法上确定自然人居民身份的标准主要有哪些？（　　）

A. 住所标准　　B. 实际管理和控制中心所在地标准

C. 居所标准　　D. 居住时间标准

4. 中国的甲公司与日本的乙公司订立买卖合同。甲公司为乙公司开出一张汇票，付款人为中国的某商业银行。后乙公司将该汇票背书转让给中国的丙公司。下列说法中错误的有（　　）。

A. 如果乙公司是为清偿与丙公司之间合同之债务而向丙公司背书转让该汇票，则在乙、丙公司之间合同无效的情况下，丙公司无权要求付款人付款

B. 如果丙公司要求付款人付款时，付款人以汇票过期为由拒付，则丙公司可以向乙公司或甲公司追索

C. 该汇票不再是一张国际票据

D. 如果甲、乙公司之间的合同无效，则丙公司无权要求付款人付款

5. 下列说法中正确的有（　　）。

A. 国际经济条约是国家及国际经济组织为确定其相互之间的权利义务而达成的书面协议

B. 国际经济法的基本原则是指国际社会公认的、对国际经济法的各个领域都具有普遍指导意义的原则

C. 国际商业惯例是在长期的国际经济交往中经过反复使用而形成的成文规则，不能随意修改

D. 国际经济法主体是指在国际关系中能行使权利和承担义务的法律人格者

6. 厦门甲商行于 10 月 20 日来电向上海乙公司发价出售一批木材。发价中列明各项交易条件，但未规定有效期限。乙公司于当天收到来电，经研究决定后，于 22 日 11 时向上海电报局交发对

上述发价表示接受的电报，该电报于22日13时送达厦门甲商行。此期间，因木材价格上涨，厦门甲商行于10月22日9时15分向厦门电报局交发电报，电文如下：由于木材价格上涨，我商行于10月20日电告发价撤销。甲商行的电报于22日11时20分送达乙公司。下列选项中哪些是正确的？（　　）

A. 厦门甲商行未能撤销其发价

B. 乙公司的回电构成承诺

C. 双方之间合同成立

D. 厦门甲商行10月20日的来电属于要约邀请

7. 中国甲公司与德国乙公司签订服装买卖合同，约定每件30美元/FOB青岛。乙公司为该货物的运输向保险公司投保了平安险。对于航行途中发生的下列哪些损失，保险公司应承担赔偿责任？（　　）

A. 在运输途中货轮与另一艘船舶相撞造成货物损失

B. 由于运输延迟造成的货物损失

C. 在运输途中遭遇飓风造成货物全部损失

D. 在装卸时由于一件或整件货物落海造成的部分损失

8. 为了完成会计师事务所交办的涉及中国某项目的财务会计报告，永居甲国的甲国人里德来到中国工作半年多，完成报告并获得了相应的报酬。依相关法律规则，下列哪些选项是正确的？（　　）

A. 里德是甲国人，中国不能对其征税

B. 因里德在中国停留超过了183天，中国对其可从源征税

C. 如中国已对里德征税，则甲国在任何情况下均不得对里德征税

D. 如里德被甲国认定为纳税居民，则应对甲国承担无限纳税义务

不定项选择题（共4题，每题3分，共12分）

1. 上海A公司与荷兰B公司签订了从中国购买肠衣的货物买卖合同，价格条件是CIF。A公司依买卖合同的约定把货物用木桶装妥后交给上海远洋运输公司运输，承运人按托运人要求将货物装在水线以下远离锅炉的舱位，然后签发了清洁提单。船到目的港时发现木桶全部被压碎，货物因而损失约15万美元。B公司作为收货人向承运人索赔，承运人以托运人对货物包装不当为由拒赔。关于本案例，下列选项哪些是正确的？（　　）

A. 承运人应当赔偿，因为其签发了清洁提单，就应对货物在途中受到的损失负责赔偿

B. B公司应当首先承担责任，因为货物的风险已在装货港货物装上船时转移给了B公司

C. A公司应承担责任，因为其对货物包装不当

D. 承运人不应赔偿，因为它是按照托运人的要求装载的

2. 在司法实践中，下列哪些保函通常被认定为无效保函？（　　）

A. 托运人和承运人明知货物的表面状况有瑕疵，为换取清洁提单，托运人向承运人出具的保函

B. 托运人为得到倒签提单而向承运人出具的保函

C. 托运人为得到预借提单而向承运人出具的保函

D. 由于缺乏识别手段或计量工具，承运人和托运人出现认识上的偏差，为免去提单上的批注，托运人向承运人出具的保函

3. 中国甲公司与某国乙公司签订了一出口红枣的合同，合同约定货物品质为三级，信用证支付。交货时甲公司因库存三级红枣缺货，便改装二级货，并在发票上注明货品二级，货款仍按原定三级货价格计收。在办理议付时，银行认为发票注明该批货物的品级与信用证规定的三级品质不符，因而拒

绝收单付款。乙公司认为该货有特殊用途，因而不能接受甲公司所交的二级货，并主张甲公司应承担未按合同规定交货的责任。下列表述哪些是正确的？（ ）

A. 银行可以发票与信用证不符为由拒绝收单付款

B. 甲公司所交货物品级比合同约定的高，甲公司不应承担任何责任

C. 银行不应拒绝收单付款

D. 本案信用证的受益人为中国甲公司

4. 根据《关于解决国家和他国国民之间投资争端公约》，如果当事人各方同意将争端提交解决投资争端国际中心仲裁，则下列说法中正确的有（ ）。

A. 原则上有关争端不再属于作为争端一方的缔约国国内法院的管辖范围，也排斥投资者本国的外交保护

B. 即使经双方当事人同意，也不得撤回已同意提交中心管辖的争议事项，但是可以改变

C. 如当事人一方拒绝参加仲裁，只要中心认为对争议有管辖权，则可以缺席审理并裁决

D. 胜诉方无论在哪一缔约国境内或其管辖领域下发现另一方的财产，都可请求该缔约国的法院执行中心的仲裁裁决

简答题（共3题，每题5分，共15分）

1. 简述美国学者杰克逊的“国际经济法”的概念。

2. 简述买方要求卖方交付替代货物的条件。

3. 简述《海牙规则》中关于承运人的免责规定。

论述题（共3题，每题5分，共15分）

1. 试论在国际货物买卖中卖方在知识产权担保方面的担保及免责。

2. 试论《服务贸易总协定》的宗旨、一般义务和原则。

3. 分析倒签提单与预借提单的性质及其导致的法律后果。

案例分析题（共1题，共10分）

某国A公司与我国B公司签订了购买一批月饼的合同，交货日期为当年中秋节前一个星期，以便卖给在某国的华人过中秋节之用。但是，由于我国当年中秋月饼市场火爆，公司货源紧张，中秋节已过了一个星期还未交货。而某国的实际情况是由于中秋节已过，月饼难以销售。A公司于是通知B公司宣告合同无效。

问：（1）A公司宣告合同无效是否有法律依据？

（2）A、B两公司约定在中国国际经济贸易仲裁委员会仲裁，哪一方有可能败诉？如果败诉方不履行仲裁裁决，另一方当事人应怎样做？

附录一：国际经济法学习所涉及的主要法律文件[①]

1.《中华人民共和国对外贸易法》（2022 年 12 月 30 日）
2.《中华人民共和国反垄断法》（2022 年 6 月 24 日）
3.《中华人民共和国出口管制法》（2020 年 10 月 17 日）
4.《中华人民共和国民法典》（2020 年 5 月 28 日）
5.《中华人民共和国外商投资法》（2019 年 3 月 15 日）
6.《中华人民共和国企业所得税法》（2018 年 12 月 29 日）
7.《中华人民共和国个人所得税法》（2018 年 8 月 31 日）
8.《中华人民共和国票据法》（2004 年 8 月 28 日）
9.《中华人民共和国海商法》（1992 年 11 月 7 日）
10.《中华人民共和国外汇管理条例》（2008 年 8 月 5 日）
11.《中华人民共和国反倾销条例》（2004 年 3 月 31 日）
12.《中华人民共和国反补贴条例》（2004 年 3 月 31 日）
13.《最高人民法院关于审理信用证纠纷案件若干问题的规定》（2020 年 12 月 29 日）
14.《最高人民法院关于审理无正本提单交付货物案件适用法律若干问题的规定》（2020 年 12 月 29 日）
15.《最高人民法院关于审理独立保函纠纷案件若干问题的规定》（2020 年 12 月 29 日）
16.《最高人民法院关于适用〈中华人民共和国仲裁法〉若干问题的解释》（2008 年 12 月 31 日）
17.《国际贸易术语解释通则》（2020 年 1 月 1 日）
18.《与贸易有关的知识产权协议》（2017 年 1 月 23 日）
19.《建立世界贸易组织的马拉喀什协定》（2014 年 11 月 27 日）
20.《与贸易有关的投资措施协议》（1994 年 4 月 15 日）
21.《联合国国际货物销售合同公约》（1980 年 4 月 11 日）
22.《建立世界知识产权组织公约》（1979 年 10 月 2 日）
23.《伯尔尼保护文学和艺术作品公约》（1979 年 9 月 28 日）
24.《联合国海上货物运输公约》（1978 年 3 月 31 日）
25.《修改统一提单的若干法律规则的国际公约》（1968 年 2 月 23 日）
26.《关于解决国家与他国国民之间投资争端公约》（1965 年 3 月 18 日）
27.《多边投资担保机构公约》（1958 年 10 月 11 日）
28.《承认及执行外国仲裁裁决的公约》（1958 年 6 月 10 日）
29.《统一提单的若干法律规则的国际公约》（1924 年 8 月 25 日）
30.《关税及贸易总协定》（1947 年 10 月 30 日）

① 本附录法律文件的日期为公布时间或最后一次修订、修正日期，国际条约的日期为签订时间。

附录二：参考文献及推荐书目

1. 《国际经济法学》编写组：《国际经济法学》，高等教育出版社 2019 年版。
2. 余劲松、吴志攀主编：《国际经济法》，北京大学出版社 2014 年版。
3. 郭寿康、赵秀文、韩立余主编：《国际经济法》，中国人民大学出版社 2022 年版。
4. 张乃根：《新编国际经济法导论》，复旦大学出版社 2022 年版。
5. 陈安主编：《国际经济法学》，北京大学出版社 2020 年版。
6. 曾华群：《国际经济法导论》，法律出版社 2020 年版。
7. 王传丽主编：《国际经济法》，中国政法大学出版社 2018 年版。
8. 余劲松主编：《国际经济法概论》，北京大学出版社 2015 年版。
9. 王传丽：《国际贸易法》（第二版），中国政法大学出版社 2014 年版。
10. 余劲松主编：《国际投资法》，法律出版社 2007 年版。
11. 张湘兰主编：《海商法论》，武汉大学出版社 2005 年版。

高校法学专业核心课程配套测试（第12版）

1. 法理学
2. 中国法制史
3. 宪法
4. 行政法与行政诉讼法
5. 民法
6. 商法
7. 知识产权法
8. 经济法
9. 民事诉讼法
10. 刑法
11. 刑事诉讼法
12. 环境资源法
13. 劳动与社会保障法
14. 国际法
15. 国际私法
16. **国际经济法**

★口碑积淀　历经多版修订重印，法学师生信赖之选
★课程适配　十六分册系统规划，涵盖重点必修课程
★专业领航　名校名师领衔编审，核心知识精研优化
★体例科学　思维导图梳理框架，多种题型分阶提升
★内容常新　紧扣新近立法动态，深融学科前沿成果
★设计贴心　试题解析双册分编，助力刷题高效查阅

中国法治出版社
官方微信

扫描二维码下载
课程配套思维导图